成长必读百科系列丛书

全彩升级版

世界
名人故事

李 津◎主编

京华出版社

CCTP 全国百佳出版社
中央编译出版社
Central Compilation & Translation Press

图书在版编目（CIP）数据

世界名人故事／李津编著．—北京：北京联合出版公司，2010.11
（2017.7 重印）

ISBN 978-7-80724-997-9

Ⅰ．①世… Ⅱ．①李… Ⅲ．①名人 – 生平事迹 – 世界 – 青少年读物
Ⅳ．① K811–49

中国版本图书馆 CIP 数据核字（2010）第 175829 号

世界名人故事

编　　著：李　津
责任编辑：李　征
封面设计：思想工社

北京联合出版公司出版
（北京市西城区德外大街 83 号楼 9 层　100088）
永清县晔盛亚胶印有限公司印刷　新华书店经销
字数 200 千字　　710mmx1000mm　1/16　　12 印张
2011 年 8 月第 2 版　2017 年 7 月第 2 次印刷
ISBN　978-7-80724-997-9
定　　价：49.80 元

前　言
Foreword

每一个名人都曾经是一个孩子，每一个孩子日后都可能成为一个名人。名人小时候是什么样儿？名人是否有着与我们不一样的成长经历？一件小事怎样影响了名人日后的人生及以后的成就？每个人都会经历影响人生的一件小事吗？

贝多芬一生备受疾病、贫困和失恋的折磨，但他始终不懈地抗争，并且一直保持着对音乐的激情；米开朗基罗忍受着病痛的折磨以及所有的刁难和盘剥，兢兢业业、醉心于雕塑创作；托尔斯泰总在热心实践自己的理想，又总是怀疑和质问自己的理想，不断的奋斗和求索使他成为了一代文学巨匠……他们是某一个时代的骄傲，是一个民族的杰出灵魂，他们在自己的领域最大限度地发挥自己的灵性，守护着自己的理想，他们是时代也是民族人格化的象征，他们的名字将永远写在历史上。

名人的力量会掀起时代的骇浪；名人的力量会激发出无穷的潜质；名人的力量是一股滋润人们心灵的源泉。

仰视名人，会让你觉得自己越来越渺小；而走近名人，则会让你越来越自信。用名人的力量来激励自己，远胜于其它形式的思想教育。

走近名人，感受他们的坚韧意志；走近名人，感受他们的高尚品德；走近名人，感受他们永恒的精神力量——在无形中，你会重塑崭新的精神自我，使自己的意志更加坚强，精神更加高尚，思想更加出众。走近名人，感受自我智慧的脉搏，感受自我灵魂的跃动……

我们编写这本书的目的就是希望小读者能从名人的成功经验中得到启示，这启示既包括事业上的，也包括心灵上的。远大的理想与脚踏实地的从细微处做起应该是相辅相成的。这里没有更多的说教，有的只是真实有趣的故事。这些故事一方面可以激励孩子们奋发向上，另一方面也可以帮助他们树立正确的人生观，确立正确的价值取向，从而选择一条正确的人生道路。榜样的力量是无穷的。前人走过的道路并非都是坦途，他们失败的教训可以被我们吸取，他们成功的经验则可以被我们借鉴。读了这些名人成长的故事，我们会发现一个道理：这些人并非天生就是成功者，他们之所以成功，一方面与他们的个人奋斗不无关系；另一方面，也是更为重要的，是他们善于从前人那里吸取成功的经验。通过对这本书的阅读就可以得知，本书中介绍的很多名人正是从前人那里受到激励和启迪才踏上成功之路的。这本书选材精良，文字优美，除了具有教育和启迪作用外，还有相当的可读性。但愿我们这本书也会给读者以激励和启迪。

本书一共精选了百位名人的励志故事，包括了从古至今的精英名人，有百战百胜的军事家，有历史上杰出的发明家，有获诺贝尔奖的科学家……我们可以通过本书从他们的经历中汲取教益，提高自身素质，努力实现梦想！

第一章 世界名人：政治家卷

第二章 世界名人：军事家卷

第三章 世界名人：科学家卷

第四章 世界名人：文学家卷

第五章 世界名人：艺术家卷

世界名人故事

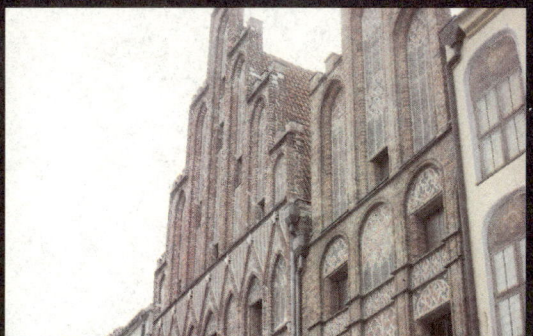

世界名人：政治家卷

ShijiemingrenZhengzhijia Juan

当世界的历史步入近代，一个个伟人登上了政治的舞台。他们中有的人影响了世界的走向；他们中有的人拯救了民族的命运；他们中有的人开创了一个新的时代。这些著名的政治家们，用自己的理念所创造出来的伟业，在历史的长河中永远闪烁着光芒。

近代英国的缔造者——克伦威尔

❋奥利弗·克伦威尔

　　1599年克伦威尔出生在英国亨廷顿。在他的青年时期，英国被各教派之间的纠纷弄得动荡不安，在任的国王信仰并且想实行君主专制制度。

　　克伦威尔是一个农场主和乡绅，一个虔诚的清教徒，1628年他被选进议会，但是为期不长，因为翌年国王查理一世就决定解散议会，独自一人统治国家，直到1624年在对苏格兰人作战需要资金的情况下，才召集了一个新议会。克伦威尔又当选为议员。新议会强烈要求国王不再实行专制统治，但是查理一世不甘屈从议会，于是1642年在忠实于

国王和忠实于议会的军队之间爆发了一场战争。

　　克伦威尔站在议会一边。他返回亨廷顿，组织了一支骑兵队同国王作战。在历时四年的战争中，他那杰出的军事才能使之声望日隆。在使战争出现转机的关键性的马斯顿战役中，克伦威尔起了举足轻重的作用。1646年战争结束，查理一世成了阶下囚，而克伦威尔则被认为是议会方面最成功的将军。

　　但是和平并没有到来，因为议会内部发生分裂，各派别间存在着根本的分歧，国王对此了如指掌,因此没有求和之意。没过一年，国王潜逃，企图东山再起，重新纠集他的军队，就这样，第二次内战爆发了。这场战争继续的结果是克伦威尔击败了国王的军队，从议会中解除了占多数的温和派议员，并于1649年1月30日把国王推上了断头台。

　　英国这时变成了一个共和国（叫做共和政体），临时由一个国务委员会来领导，克伦威尔任国务委员会主任。但是保皇党分子不久就控制了苏格兰和爱尔兰，支持已被处死的国王的儿子——未来的查理二世。结果克伦威尔的军队成功地占领了爱尔兰和苏格兰。长期连绵不断的战争最终在1652年以保皇党军队被彻底击败而告结束。

世界名人故事

由于战争已经结束，建立一个新政府的时机应该到来了，但是还存在着实行立宪政体的问题，这个问题在克伦威尔的有生之年从未得到解决。这位清教徒将军能够领导反对君主专制制度的军队赢得胜利，但是他的威望却不足以解决他的支持者中间存在着的社会冲突，不足以使他们对一部新宪法取得一致意见。这些社会冲突和宗教冲突错综复杂地交织在一起，宗教冲突使新教徒内部四分五裂并且同罗马天主教划清了界限。

当克伦威尔开始执政时，1640年组成的议会所保留的成员都属于一个数目不多、无代表性、过于激进的少数派，即所谓的残余议会。起初克伦威尔想要通过谈判来进行新的选举，但是当谈判破裂时，他就用武力解散了残余议会。从那时起直到1658年克伦威尔去世为止，曾先后成立和解散了三个不同的议会，采用了两部不同的宪法，但都未能发挥作用。在此期间，克伦威尔靠军队的支持来维系统治，实际上他是一个军事独裁者。但是他多次试图建立民主政体和坚持拒绝别人给他加冕，其目的是表明他不想实行独裁统治，他只不过是迫不得已而为之，因为他的支持者们创建不出一种切实可行的政体。

从1653年到1658年，克伦威尔使用护国主的头衔统治着英格兰、苏格兰和爱尔兰。在这五年期间，他在不列颠建成了大体完好的政体和井然有序的行政机构。他改善了粗暴的法律，扶持文化教

育。他提倡宗教信仰自由，允许犹太人再来英格兰定居，并在这里信仰他们自己的宗教（他们在三个多世纪以前被国王爱德华一世驱逐出境）。克伦威尔推行的外交政策也是成功的。他于1658年因患疟疾在伦敦去世。

克伦威尔的长子理查德·克伦威尔继承了父位，但是他统治的时间极为短暂。1660年查理二世恢复王位。奥利弗·克伦威尔的遗体被掘出来吊在绞刑架上。这种报复的行径并不能掩盖实行君主专制主义的斗争已经失败的

❉ 邓巴战役中的克伦威尔

事实。查理二世充分认识到了这一点，因此并不想同议会至高无上的权力相抗衡。当他的继承人詹姆斯二世企图恢复君主专制主义时，顷刻间就被1688年的不流血革命给废除了王位。革命的结果与克伦威尔1640年的期望恰好相同———一种君主立宪制，国王明确地服从议会，实行宗教信仰自由。

自从奥利弗·克伦威尔去世以来，他的品格成为了人们争论不休的对象。许多评论家指责他是伪君子，指出他虽然总是在口头上赞成议会有至高无上的权力和反对独断专行的统治，但是在事实上却建立了一种军事

独裁统治。大多数人却认为，虽然克伦威尔在局面失控的情况下不得不实行独裁统治，但他对民主政体的献身精神是十分真诚的。

★克伦威尔雕像

世界名人故事

俄罗斯伟大的改革者——彼得一世

★彼得一世

彼得于1682年继承了皇位，称为彼得一世。他坐上沙皇宝座时年纪尚小，大权落在了姐姐和几个大臣手中，但是当彼得长大成人后，马上显示出了惊人的能力，他把本该属于自己的权力夺了过来，毫不留情地处置了那些觊觎皇位的人，包括他的姐姐。接着，他解散了名存实亡的国家杜马，另外设立了听命于沙皇的国务院。此外，他还剥夺了教会在俄罗斯的特权。

在彼得以前，所有的沙皇即位时要把大主教恭敬地请过来，还要低眉顺眼地牵着主教胯下的驴子。但是，彼得一世认为这是一件很丢脸的事情，马上就把它从自己以及子孙的眼前永远地拿开了。

对待敌人，彼得一世相比于伊凡四世而言，其手段的凶狠有过之而无不及，他坐上沙皇宝座不久，许多迹象似乎在向世人证明，又一个"恐怖的伊凡"掌握了俄罗斯。

但是，彼得就是彼得，他之所以区别于伊凡四世，不在于他的凶残，而在于他的雄才大略。

在彼得一世之前，伊凡三世、伊凡四世，还有后面的几位沙皇都眼巴巴地望着远方的海洋，他们不遗余力地挥霍着俄罗斯青年才俊的生命，只不过想获得一个通往远洋的立足点。但是即便如此，还是不能得偿所愿，倒让当时不可一世的波兰人一度占领了自己的首都。

彼得从先辈血的教训里明白，如果真正想夺得出海口，就必须建立强大的军队。但是，贫困的俄罗斯根本就拿不出钱购进武器装备，况且，即便有钱，天主教徒也不见得会把最好的武器卖给异教徒。

彼得决心亲自到西欧去考察一番，然后回来建立自己的兵工厂。为此，他化装成学徒，深入到荷兰的造船厂去学习技术。也许这在今天看来有些不可思议，但是这些事情的确是真的，这是一个野心勃勃者实现其野心的必经阶段。

后来，彼得一世从英国、荷兰请来了大批工程技术人员，并且迫使俄罗斯贵族青年跟着来自远方的客人学习技术经验。在一段时间之后，这个被蒙古人打上深深的亚洲烙印的国家，突然迅速地欧洲化。彼得一世甚至逼迫贵族们剪掉引以为豪的蒙古式大胡子，不许他们再穿蒙古式的宽大长袍。

当时的俄罗斯人在彼得的逼迫下似乎过上了欧洲化的生活，但是谁也难以断言，这种改变在俄罗斯人的骨子里到底留下了多少真正有意义的东西。一个被亚洲人统治了几百年的国家，要想真正变成一个欧化的国家，不是靠建大批工厂或剪几部胡子那么简单就可以完成的。

不过，彼得一世强制性的所谓改革总算让俄罗斯人面目一新，他们现在开

❋彼得一世主张向西方学习

始一边喝着自酿的烈酒，一边议论着西边的事情，或许一个城镇里，总有那么些人乐于阅读从西方传来的报纸。

贵族们开始有一种优越感，因为彼得一世后来在战场上的一系列胜利让他们自认为俄罗斯已经成为一个强国，直到克里木战争爆发，贵族们才惊讶地认识到，和英国、法国相比，俄罗斯只是一个腹中无物的大肚汉。

1695年，彼得一世挥兵南下，与土耳其作战。但是这一仗却没有取得令人满意的结果，因为土耳其远非彼得一世估计的那样不堪一击。在占领黑海附近的一些地盘之后，彼得一世突然把兵力向波罗的海集结。也许，相比黑海而言，彼得一世更看重波罗的海。

此时波罗的海沿岸，真正敢挑战俄罗斯的国家只有瑞典了。在开战之前，彼得一世利用聪明的外交手段，与丹麦、波兰等国交好，然后趁瑞典新王查理十二即位之时发动战争。

这一年，查理十二只有十五六岁，还只是一个毛头小子。彼得一世对于取得战争的胜利毫不怀疑，但是战争打响后，彼得一世大吃一惊，这个查理十二居然只有俄军三分之一的兵力取得了胜利。

彼得一世急忙把人马撤回国内，对自己的轻敌后悔不已。后来，他听说查理十二带兵攻打波兰去了，认为时机再次到来，马上占领了波罗的海沿岸的许多城堡。但是查理十二像秋风扫落叶一样把波兰打得一败涂地，然后挥兵向俄军扑来。

彼得一世马上带着队伍向俄罗斯境内撤退，查理十二带兵紧追不舍。瑞典人一直在寻找决一死战的机会，但是彼得一世并没有把这个机会送给瑞典人，因为他有一个盟友马上就要到来了，那就是俄罗斯寒冷的天气。

在追赶了很长时间之后，查理十二有些气馁，而他的兵马死伤过半。不是因为战斗，而是因为俄罗斯的鬼天气。

1709年春天，修养得精神饱满的俄军主力突然出现在面黄肌瘦的瑞典人面前。这一仗打得并不惨烈，因为瑞典人差不多已经丧失了作战能力，结局是悲

❋ 彼得一世戎装像

世界名人故事

惨的，查理十二只带着几个随从逃到土耳其去了。

100年后，当法兰西皇帝拿破仑像查理十二一样把大军开往俄罗斯时，当时的沙皇亚历山大也学了彼得一世这一招，最终让不可一世的科西嘉人走上了人生历程的转折点。

此后，俄军像洪水一样扑向瑞典。元气大伤的瑞典只得应战，这场仗打打停停，停停打打，直到1721年，瑞典人才在彼得一世面前低下高傲的头颅。俄罗斯梦想数百年的出海口终于到手了，并由此真正走上了大国的道路。

法兰西雄狮——拿破仑

拿破仑·波拿巴（1769~1821）是法兰西第一共和国第一执政（1799~1804），法兰西第一帝国的皇帝（1804~1814，1815）、军事家，政治家，曾经占领过西欧和中欧的大部分领土。

1769年，拿破仑出生在科西嘉岛的阿雅克修城，他的家族是一个意大利贵族世家，科西嘉岛刚刚被卖给法国后，法王承认其父亲为法国贵族。在父亲的安排下，拿破仑9岁时就到法国布里埃纳军校接受教育，1784年以优异成绩毕业后，被选送到巴黎军官学校。

1789年，法国大革命爆发。在1793年7月，拿破仑带兵攻下了保王党的堡垒土伦，因此受到雅各宾派的赏识。1794年热月政变中拿破仑由于和罗伯斯比尔兄弟关系紧密而受到调查，后因拒绝到意大利军团的步兵部队服役而被免去准将军衔。1795年他受巴黎督政官巴拉斯之托成功平定保王党武装叛乱，一夜之间荣升为陆军中将兼巴黎卫戍司令，在军界和政界中崭露头角。

此时欧洲反法联盟逐渐形成，而法国国内保皇派势力则渐渐上升。1799年11月9日，拿破仑发动了雾月政变并获得成功，成为法国第一执政，实际为独裁

● 战场上的拿破仑

者。

拿破仑之后进行了多项政治、教育、司法、行政、立法、经济方面的重大改革，其中最著名并且直到今天依然有重要影响的是《拿破仑法典》，是在政变的当天晚上由拿破仑下令起草的，其中很多条款都是拿破仑本人亲自参加讨论并最终确定，基本上采纳了法国大革命初期提出的比较理性的原则。法典在1804年正式实施，即使是在一个多世纪后依然是法国的现行法律。法典对德国、西班牙、瑞士等国的立法起到重要影响。在政变结束后三周拿破仑向人民发布的公告中，他自豪地宣称："公民们，大革命已经回到它当初藉以发端的原则。大革命已经结束。"

1800年，拿破仑再度打败奥地利军队，英国也不得不与法国签订和约，迫使第二次反法联盟土崩瓦解。1802年8月，拿破仑修改共和八年宪法，改为终身执政。1804年11月6日，公民投票通过共和十二年宪法，法兰西共和国改为法兰西帝国，拿破仑·波拿巴为法兰西人的皇帝，称拿破仑一世。但是他并不是由教皇七世庇护加冕，而是自己将皇冠戴到了头上，然后还为妻子加冕为皇后。一年之后，他又在意大利由教皇加冕为意大利国王。

称帝后的拿破仑带领法军多次击败欧洲封建君主组成的反法同盟，又颁布了《柏林赦令》，宣布大陆封锁政策，禁止欧洲大陆与英伦的任何贸易往来。自此，法国在欧洲大陆的霸主地位得到了确立。拿破仑一世兼任意大利国王、莱茵邦联的保护者、瑞士联邦的仲裁者，并分别封他的兄弟约瑟夫、路易、热罗姆为那不勒斯、荷兰、威斯特伐利亚国王。

法军所到之处，狠狠打击了欧洲各地的封建势力，但也侵犯了各国的民族自由。

不久，拿破仑陷入西班牙战争的泥潭。1812年进攻俄国又遭到惨败。

1813年英国、俄国、普鲁士和奥地利组成了第六次反法同盟，双方在德国境内多次激战。虽然法军取得了多次胜利，但是拿破仑的压力却是越来

● 拿破仑为妻子加冕为皇后

世界名人故事

✵ 在欧洲叱咤风云的拿破仑

14万人的正规军和20万人的志愿军，路易十八逃跑，百日王朝开始。

但是好景不长，欧洲各国迅速组成第七次反法同盟。1815年6月18日拿破仑的军队在比利时滑铁卢战役中全军覆没，7月15日他正式投降。法兰西第一帝国覆灭，路易十八再度复辟。拿破仑被流放圣赫勒拿岛。1821年5月5日，拿破仑在岛上去世。

拿破仑为法国带来了荣耀，法国人民始终爱戴这位法兰西战士。1840年12月，他的遗体运抵巴黎后，90万巴黎市民冒着严寒迎接他。而在多年后，拿破仑也赢得了对手的尊敬。1855年英国维多利亚女王携王储（即后来的爱德华七世）来到老残军人院，女王让王子"在

越大，直到10月的莱比锡战役法军被击溃，各附庸国也纷纷脱离法国独立，同盟军开始向巴黎挺进。1814年4月13日拿破仑在巴黎枫丹白露宫签署退位诏书，宣布无条件投降。拿破仑本人在退位后被流放到地中海上的一个小岛厄尔巴岛。拿破仑保留了"皇帝"的称号，可是他的领土只局限在那个小岛上。

1815年2月，拿破仑逃出小岛，率领1000人回到法国。本来被派来阻止他的法国军队转而继续支持拿破仑。3月20日拿破仑回到巴黎，此时他已经拥有一个

✵ 远征俄罗斯失败

伟大的拿破仑墓前下跪"。除此之外，拿破仑也是最早提出欧洲合众国构想并试图通过武力来实现的人。虽然他本人并未成功实现这个梦想，但今天的欧洲正在朝向一体化的目标迈进。

普鲁士铁血宰相——俾斯麦

俾斯麦(1815～1898)任普鲁士帝国宰相兼外交部长。在统一德意志联邦的方式上，主张采用"铁血"政策，即用武力解决问题，并发动了对丹麦、奥、法三场战争，从而结束了德意志长期的封建割据局面。

奥托·冯·俾斯麦1815年4月1日出生在普鲁士一家大贵族地主家庭。他在父亲的庄园里度过了自己的童年，后来入大学学习。在学习期间，他强暴蛮横、凶悍粗野，曾与同学进行过27次决斗。大学毕业后，他回到家乡管理自己

❋ 铁血宰相俾斯麦

的两处领地。

1851年～1858年，俾斯麦担任普鲁士邦驻德意志联邦代表会的代表，1859年任驻俄大使，1861年改任驻法大使，1862年他出任普鲁士宰相兼外交大臣。俾斯麦是一个主张使用武力的人，而且很了解俄、法统治者的内心想法，这就使他当上宰相后深知该如何使用武力去对付敌人。

许多世纪以前，德国就一直处于四分五裂的状态之中，这种群龙无首的情况名闻欧洲。1815年，各封建国家在维也纳召开会议，建立了"德意志邦联"，它包括力量较强的奥地利、普鲁士和其他小国共34个国家和4个自由城市。但这个邦联并不是一个统一的国家，各小国仍然具有完全独立的主权，有各自独立的政府和军队，有各自不受侵犯的疆域、不同的关税政策以及不同的发展水平。

1862年9月，俾斯麦担任首相之职时，正是普鲁士军事力量处于上升时期，这正好为他的"铁血"政策打下了坚实的基础。俾斯麦当上宰相的第一周，就在邦议会上发表了他的首次演说，他非常激动地说道："当代的重大政治问题不是用说空话和多数派决议所能决定的，而必须用铁和血来解决。德国所指望的不是普鲁士的自由主义，而

世界名人故事

是他的武力！"这就是"铁血宰相"的由来。

俾斯麦深知，议会里的资产阶级议员只会吵吵嚷嚷，他们懦弱无能，根本没有实力对抗政府，所以，为了更有效地实行"铁血政策"，他干脆一脚踢开议会，在议会指控政府"违背宪法"的情况下，他不但不害怕，反而公开扬言："冲突在所难免，在冲突中最有力量的方面，一定获胜！"表现出一副挑战者的姿态。同时，他还知道，一旦自己的"铁血政策"得到最后胜利，取得了全德的统一，那么，这些叽叽喳喳的资产阶级议员就会立刻拜倒在他的面前。

俾斯麦"铁血政策"的第一步，就是向丹麦进攻。1863年末，丹麦合并了属德意志的石勒苏益格小公国。次年初，俾斯麦联合奥地利对丹麦作战。俾斯麦之所以要联奥抗丹，原因是既解除了后顾之忧，又能共同对外。奥地利马上同意了普鲁士的要求，普奥联合向丹麦发出最后通牒，随即开始战争。丹麦以4万士兵对6万敌人，结果战败。普鲁士得到了石勒苏益格；奥地利也得到了另一小公国何尔斯泰因。

"铁血政策"的第二步，就是挑起对奥地利的战争。打败丹麦后，俾斯麦调转枪口，对准了奥地利。但打败奥地利并不像打败丹麦那样容易，于是俾斯麦先联合意大利。意大利因威尼斯地区一直受奥地利欺凌，所以马上答应了普鲁士的请求，双方结成反奥联盟。然后，俾斯麦三次亲往法国，假意许诺拿破仑三世，打败奥地利后，让法国得到一份领土作为报酬。这样，稳住了法国。做好了这些后，俾斯麦对奥地利一再挑衅，要求奥地利将不久前从丹麦手中得到的小公国何尔斯泰因让给普鲁士，同时提出改革德意志联邦法案，以期排除奥地利在整个德意志的影响。奥地利当然不答应，于是就联合不少德意志小国对普鲁士进行"制裁"。于是普奥战争爆发。

1866年6月，奥军28万人对付普军25万人，7月3日，双方集结于萨多瓦村附近展开决战，俾斯麦下决心一举击溃

＊李鸿章拜访俾斯麦

❋ 俾斯麦雕像

会对自己构成威胁，因此极力支持这4个邦国独立。如果这样德国的统一将不可能实现。同时，俾斯麦对法国境内富裕地区阿尔萨斯和洛林也很感兴趣，早已垂涎三尺。

要统一，必须打败法国。于是，俾斯麦四处活动，挑动英、俄与法国的矛盾，又制造事端激怒法国，让法国先向普鲁士宣战。1870年7月19日，普法战争爆发，在色当大决战中，法国战败投降。

1871年，普鲁士国王威廉一世加冕为德意志帝国皇帝，俾斯麦为首相。德意志的统一完全实现。统一后的德国实力逐渐强大，可能是这种"铁血政策"的不断影响，德国逐渐成为世界战争的策源地，给世界人民带来了巨大的灾难和痛苦。

奥军，并自带毒药，准备一旦失败就服毒自杀！结果，普军大获全胜。10天后，俾斯麦逼近奥地利都城维也纳。在有人提议一举占领奥地利全境时，狡猾的俾斯麦没有听从，他估计到法国会出面干预，另外，他以后可能还会利用奥地利。

果然，法国拿破仑三世出面进行了调停，双方达成协议。奥地利宣布退出德意志，并将4个邦国和一个自由城市让归普鲁士。这样，普鲁士就统一了德国整个北部和中部地区，建立起了一个北德意志联邦。这时只有德意志南部紧邻法国的4个小邦国仍旧保持着独立。俾斯麦想兼并这4个小国，但是法国害怕德意志统一后

美利坚国父——华盛顿

华盛顿是美国首任总统，美国独立战争大陆军总司令。他毕生未进大学学习，但通过自学，使自己具备了突出的才干。华盛顿早年当过土地测量员；1752年，成为维农山庄园的主人；曾参加七年战争，获中校和上校衔，积累了军事指挥的经验；1758年当选为弗吉尼亚议员；翌年与富孀卡斯蒂斯结婚，获得大批奴隶和60.75平方千米土地，成为弗吉尼亚最大的种植园主。在经营农场、手工作坊的过程中，华盛顿饱尝了英国殖民当局的限制、盘剥之苦。

1774年和1775年，华盛顿先后作为弗吉尼亚议会的代表出席第一届、第二届大陆会议。1775年7月

世界名人故事

乔治·华盛顿 (1732～1799)

3日，华盛顿就任大陆军总司令。他把一支组织松散、训练不足、装备落后、给养匮乏，主要由地方民军组成的队伍整编和锻炼成为一支能与英军正面抗衡的正规军。通过特伦顿、普林斯顿和约克德等战役，击败英军，取得了北美独立战争的胜利。1783年《巴黎和约》签订，英国被迫承认美国独立。同年12月23日，华盛顿递交辞呈，解甲归田。1787年他主持召开费城制宪会议，为制定联邦宪法，根除君主制，制订和批准维护有产者民主权利的宪法作出不懈努力。

1789年4月，华盛顿被选为美国第一任总统。他在宣誓就职时，一方面，对于美国人民对自己的信任，他很感动，他满怀激情，决心要有一番作为；另一方面，他感到心里很不安，因为在他之前，从没有谁当过总统，这总统究竟该怎么当？无先例可循。因此，当他第一次走向总统宝座的时候，他感觉自己"像是走向刑场的囚犯"，内心是很沉重的。

华盛顿担任总统后，很快地显示出他对国事具有的卓越的领导能力。他规定每个星期二亲自接见一般访客。他要求政府的所有任职人员，哪怕是最低职务的公务员，必须经得起最严峻的考验。他任命不同政治倾向的著名人物担任领导职务，以求各个地区、各种观点的平衡，维系国家的和平统一。他通过国会积极地制订各种法律，加强法制。两、三年工夫，美国实现大治。这时，有些人怂恿他称王，遭到他严厉谴责；甚至人们称他"美利坚合众国总统和自由保护者殿下"他都表示反对。他的民主精神在美国产生了深远的影响。

1793年，华盛顿再度当选总统。在做了两届总统之后，1796年9月17日，华盛顿发表《告别词》。他宣布："我现在应当向大家有所表示，就是我已下定决

华盛顿在特拉华的战斗中

心谢绝把我放在被选之列。"从而主动放弃了继续当选美国总统的权利。华盛顿的这一举动开创了一个先例，那就是美国没有人可以成为终身总统，也不允许连任三届总统。1799年12月14日，华盛顿逝世，享年67岁。华盛顿因为对美国独立作出重大贡献，被尊为美国国父。

❀ 华盛顿宣誓就任美国第一任总统

世界名人故事

美国平民总统——林肯

❀ 美国第16任总统亚伯拉罕·林肯

1809年2月12日，林肯出生在肯塔基州哈丁县一个伐木工人的家庭。父亲托马斯·林肯是个文盲，母亲南希·汉克斯是个善良的农村妇女。林肯幼年总共只上过一年学。他干过农活，当过小店掌柜，后来还做过邮政局长。不论何时何地，他始终抓紧自学，终于把自己造就成一个出色的律师。

1834年，他当选为伊利诺伊州议员，开始了他的政治生涯。从1834年到1840年，他4次被选入伊利诺伊州议会。1842年，林肯与玛丽·托德结婚。玛丽是一位银行家的女儿，比林肯小9岁。他们生有4个儿子。1847年，林肯当选为国会众议员。

当时美国南部的黑人奴隶制严重地阻碍着资本主义的发展，黑奴过着非人的悲惨生活。林肯目睹拍卖黑奴的惨状，痛恨日增。他四处进行反对蓄奴制的演讲，不久便成为美国政治中不可忽视的人物。1854年南部奴隶主竟派遣一批暴徒拥入堪萨斯州，用武力强制推行奴隶制度，引起了堪萨斯内战。这一事件激起了林肯的斗争热情，他明确地宣布了他要"为争取自由和废除奴隶制而斗争"的政治主张。

1860年，林肯被共和党提名总统候选人，在竞选中获胜，当选为美国第16任

❋ 林肯在剧院遇刺

总统。南方奴隶主对林肯的政治主张是清楚的，他们当然不愿坐以待毙。1861年，南部7个州的代表脱离联邦，宣布独立，自组"南部联盟"，企图分裂美国。林肯内阁遂决定用武力维护联邦统一。1861年南北战争爆发，联邦军队一再失利。林肯临危不惧，坚定地维护联邦，主张废除奴隶制，并且决心打赢战争。

1862年9月22日，林肯宣布了亲自起草的具有伟大历史意义的文献——《解放黑奴宣言》草案（即后来的《解放宣言》），使美国所有的奴隶从法律上获得了自由。从此战争形势开始发生了明显的变化，北部军队很快地由防御转入了进攻。1865年，历经4年苦战的美国内战终于结束，林肯为首的北方获得了最后胜利，为美国资本主义的发展彻底扫清了道路。此时，林肯在美国人民中的声望已愈来愈高了，1864年，林肯再度当选为总统。前线

❋ 林肯纪念堂内的雕像

节节胜利，英勇善战的格兰特将军指挥联邦军在1865年4月9日迫使南方邦联军队总司令罗伯特·李投降，内战结束。

但不幸的是，1865年4月14日晚，林肯在华盛顿福特剧院观剧时突然遭到刺杀。第二天早晨，林肯停止了呼吸。《解放黑奴宣言》使他成为美国历史上的向黑奴制宣战的勇敢斗士。

多少年过去了，林肯仍然在美国人民心目中占有崇高地位。林肯诞辰成为美国除南部以外的26个州每年都要纪念的日子。届时人们举行讲演，发表文章，在华盛顿市雄伟壮丽的林肯纪念堂里，瞻仰者络绎不绝。林肯作为美国南北战争的领导者，为废除奴隶制建立了不朽功勋，是美国人民心目中最伟大的人物之一。

全世界无产阶级的伟大领导者——马克思

卡尔·马克思（1818～1883），马克思主义的创始人，第一国际的组织者和领导者，被评为20世纪对世界影响最大的人。

1818年5月5日，马克思诞生于德国莱茵省特利尔城。父亲亨利希·马克思是一位才能出众的律师，对马克思少年时代的思想成长起过良好的影响。母亲罕丽达·普勒斯堡是个贤慧的妇女，主要操持家务。

马克思从小勤奋好学，除母语德文外，他先后攻下了拉丁文、希腊文、法文、英文和意大利文。1830年，他进入特利尔中学，1835年9月毕业。中学时代，他受到法国启蒙思想的影响，已有为人类谋幸福的崇高理想。中学毕业时他写的《青年在选择职业时的考虑》一文说，一个人只有立志为人类劳动，才能成为真正的伟人。

1835年10月，他进波恩大学攻读法学，一年后转入柏林大学法律系。在大学，他除研究法学外，还研究历史、哲学和艺术理论。1837年起，马克思开始

● 马克思

认真钻研黑格尔哲学。1841年，他结束大学生活，获哲学博士学位。

1842年初，他写了第一篇政论文章《评普鲁士的书报检查令》，通过对书报检查制度的批判，揭露整个普鲁士国家制度的反动本质。同年5月，他开始为自由主义反对派创办的《莱茵报》撰稿，10月担任了该报的主编。在马克思的影响下，这份报纸越来越鲜明地倾向于革命民主主义。1843年4月1日《莱茵报》被反动当局查封。

1843年5月，他来到莱茵省的一个小镇克罗茨纳赫。在这里，他与童年时代的女友燕妮·冯·威斯特华伦结婚。从此，她成为与马克思的志同道合、患难与共的亲密伴侣和战友。1843年秋，马克思迁居巴黎，筹备出版《德法年鉴》杂志。在富有革命传统的法国，他积极参加法国工人的集会，了解法国工人阶级的斗争状况，同法国工人运动的领袖和正义者同盟的领导成员建立了密切联系，还结识了流亡在法国的各国革命家。巴黎的斗争生活促进了他向科学共产主义的转变。

1845年1月，马克思被法国政府驱逐出境，2月到了布鲁塞尔。他开始批判费尔巴哈唯物主义的局限性，写了《关于费尔巴哈的提纲》，着重阐明了实践在社会生活和人的认识中的作用，指出实践是检验人的思维的真理性的标准。这个提纲是"包含着新世界观的天才萌芽的第一个文件"。

马克思在为无产阶级制定科学世界观的同时，还为创建无产阶级政党而积极作思想准备和组织准备。1846年初，他和恩格斯一起建立了布鲁塞尔共产主义通讯委员会，在工人中传播科学社会主义理论。1847年初，马克思和恩格斯应邀参加了德国工人的秘密组织正义者同盟，并积极参加了同盟的改组工作。在6月召开的同盟第一次代表大会上，正义者同盟改名为共产主义者同盟。马克思担任了同盟布鲁塞尔区部和支部的领导人。为了更广泛地团结和教育群众，马克思和恩格斯倡议成立了德意志工人

❋ 马克思和恩格斯雕像

协会。1847年11月，马克思亲自出席了共产主义者同盟第二次代表大会，并受大会委托与恩格斯共同起草同盟的纲领。这就是1848年2月正式发表的科学共产主义的纲领性文件《共产党宣言》。

马克思的一生是伟大的一生。他和恩格斯共同创立的马克思主义学说，是指引全世界劳动人民为实现社会主义和共产主义伟大理想而进行斗争的理论武器和行动指南。马克思的名字永垂史册，他的学说将永放光芒。

马克思主义的创始人之———恩格斯

弗里德里希·恩格斯（1820～1895），德国社会主义理论家及作家，马克思主义的创始人之一，马克思的亲密战友，国际无产阶级运动的领袖，科学共产主义创始人之一，无产阶级军事科学的奠基人。

恩格斯诞生于德国莱茵省巴门市（今伍珀塔尔市）一个棉纺厂主家庭。1834年10月入爱北斐特中学读书。1837年9月受父命中途辍学，到商行当练习生。1841年9月至1842年10月在柏林炮兵部队服役，同时在柏林大学旁听哲学课。1842年4月开始为《莱茵报》撰稿。同年11月到英国曼彻斯特"欧门－恩格斯棉纺厂"的办事处工作。在这里他经常深入工厂，参加工人集会和斗争。这次赴英途中，他在科隆与马克思第一次会面。1844年8月在巴黎与马克思再次会面，从此开始了他们为共产主义事业奋斗的极为亲密的合作和始终不渝的友谊。

1845年出版了他同马克思合作的第一部著作《神圣家族》，阐明了辩证唯物主义和历史唯物主义的重要原理。他同马克思一起不仅致力于创立革命理论，而且积极投身革命运动，为建立无产阶级政党作准备。1847年他们改组正义者同盟，使之成为第一个国际共产主义组织"共产主义者同盟"。翌年2月出版了他们受同盟委托撰写的《共产党宣言》，阐明了新的世界观，并提出共产

❋ 恩格斯

世界名人故事

世界名人故事

主义社会的创造者无产阶级的历史使命。4月受同盟委托组织出版革命运动的战斗机关报《新莱茵报》。

1849年5月德国西部和南部为保卫帝国宪法举行了武装起义。恩格斯赴爱北斐特领导该地起义人民的防御工事构筑，在巴登普法尔茨起义期间，参加志愿部队的战斗。事后，他撰写了《德国维护帝国宪法的运动》和《德国农民战争》，总结革命斗争的经验教训，探讨无产阶级斗争的战略和策略。他深深体会到军事在无产阶级革命斗争中的重要意义，开始长期、系统地研究军事。他阅读历代军事家浩瀚的军事理论和军事史著作，运用辩证唯物主义和历史唯物主义探讨军事问题，对当时的重大军事行动进行了深刻地分析。

1850年11月至1869年6月，恩格斯完成了许多重要军事著作。他撰写的《1852年神圣同盟对法战争的可能性与展望》，论证了军事组织和作战方法的发展决定于生产方式的发展，并预言无产阶级的解放在军事上也将有它自己的表现，将创造出自己特殊的新的作战方法。他在《德国的革命与反革命》（1851～1852）一书中，总结历史经验，提出革命是社会进步和政治进步的动力，起义是一种艺术。他为纽约《美国新百科全书》写了《军队》、《步兵》、《炮兵》等59个条目，涉及到军队建设、装备发展、作战指挥、筑城、

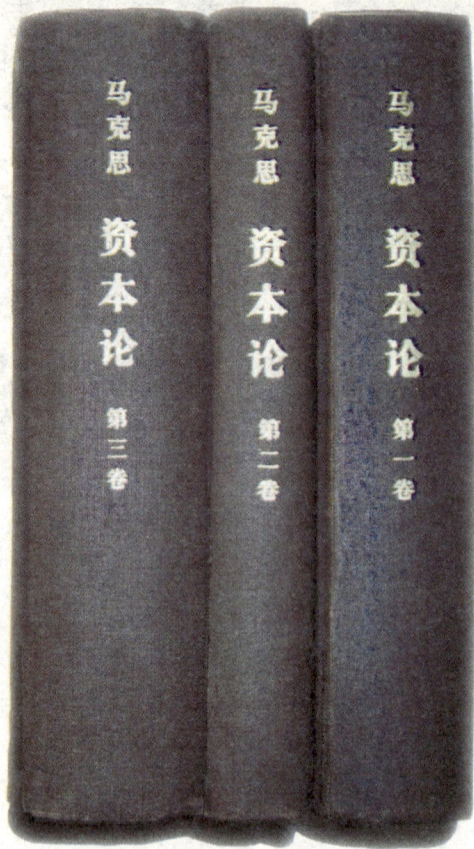

* **资本论**

炮兵、海军等范围十分广泛的问题。他在《纽约每日论坛报》、《新奥德报》、《新闻报》、《曼彻斯特卫报》和《派尔－麦尔新闻》等多种报纸上发表了关于克里木战争、意大利战争、美国内战、普奥战争和普法战争等的评论文章和其他军事论文。他摆脱经商活动后，迁居伦敦。

1870年10月当选为第一国际总委员会委员，直接参加共产国际的领导。1878年他完成了光辉巨著《反杜林论》，书中对马克思主义哲学、政治经济学和科学社会主义作了系统地阐述，

并论证了暴力对经济的依赖性和对经济的反作用，肯定了暴力在历史上不仅起反动作用，还起进步的作用。

1883年3月14日马克思逝世，恩格斯承担起马克思未完成的《资本论》第二、第三卷的整理和出版工作。翌年他写了《家庭、私有制和国家的起源》这部重要著作，揭示了私有制、阶级和国家产生的途径与形式，探讨了战争的起源和本质。恩格斯晚年完成了重大的理论著述工作并指导国际工人运动的活动，为捍卫马克思主义的纯洁性，对各种机会主义进行了不妥协的斗争。1895年8月5日，他在伦敦逝世。

第一个社会主义国家的创始人——列宁

列宁（1870～1924），笔名弗拉基米尔·伊里奇·列宁，原名弗拉基米尔·伊里奇·乌里扬诺夫1870年4月22日出生于俄国辛比尔斯克（今乌里扬诺夫斯克）。列宁是俄国共产主义革命政治家，马克思和恩格斯事业和学说的继承者，全世界无产阶级和劳动人民的革命导师和伟大领袖，并亲自领导了俄国十月革命，成为苏联第一位领导人。

列宁是新型无产阶级政党的缔造者。世界历史进入帝国主义时代的俄国是各种矛盾的集合点，要推翻沙皇专制制度，彻底完成民主革命的任务并进而实现社会主义革命和建设的任务，就必须有马克思主义武装的无产阶级革命政党的领导。列宁很早就说过："给我们一个革命家的组织，我们

* 列宁

世界名人故事

世界名人故事

就能把俄国翻转过来！"这成了他孜孜以求的目标。为此他努力把马克思主义和俄国的实践相结合，为建设一个无产阶级的革命政党而斗争。1895年秋，在列宁的领导下，彼得堡所有的马克思主义小组联合成了一个统一的政治组织，并命名为"工人阶级解放斗争协会"。这个斗争协会是以群众性工人运动为基础的革命的马克思主义政党的萌芽。它只活动了不长的一段时间，以列宁为首的一批骨干就被逮捕了，列宁先是被监禁，后被流放西伯利亚。在流放期间列宁总结了该协会的斗争经验，用以指导俄国马克思主义政党的建设工作。

1898年3月初，当列宁还在流放地时，俄国的一批社会主义者就召开了第一次党的代表大会，宣告了俄国社会民主工党的建立。以列宁为首的流放者集会宣布加入社会民主工党。事实上"一大"并没有把党真正建立起来。在委员会中经济派占据了优势，一大后，组织上更加涣散、政治上更加动摇、思想上更加混乱，经济派成为建党的主要障碍。1900年列宁创办的《火星报》和1901年～1902年期间他写的《怎么办》一书，粉碎了经济主义。1903年7月在俄国社会民主工党召开的第二次代表大会上通过了党

纲和党章。在讨论党章时，党内产生了尖锐分歧。诞生了以列宁为首的布尔什维克和以马尔托夫为首的孟什维克。第二次代表大会之后布尔什维克同孟什维克推行的机会主义组织路线和策略路线进行了不调和的斗争。

列宁是十月武装起义方针的制定者和社会主义革命胜利的领导者，1917年7月资产阶级对无产阶级和平示威的镇压和接踵而来的对布尔什维克的打击，使俄国的政治形势发生了根本改变，"七月事变"打破了两个

❀ 中国的列宁主义街

政权并存的局面，革命和平发展的前途已经断绝。

列宁也被迫转入地下，在拉兹里夫湖畔的草棚里，继续指导着革命斗争并撰写《国家与革命》一书，8月9日列宁离开俄国到达芬兰，完成了《国家与革命》的写作，并关注着国内政治形势的发展。科尔尼洛夫叛乱的迅速被粉碎，使国内阶级力量对比发生了巨大变化，布尔什维克的威信大为提高，很快在彼得格勒和莫斯科的苏维埃中占据了优势。列宁分析了新的革命形势，在9月12日到14日给布尔什维克中央委员会、彼得格勒委员会和莫斯科委员会写的两封指示信里，明确提出了通过起义把政权转归苏维埃以建立无产阶级专政的新方针。为了便于加强领导，10月7日列宁从芬兰秘密回到彼得格勒。他起草了由党中央全会通过的武装正义的决议，并指导了起义的准备工作。10月24日夜间列宁到了斯莫尔尼宫，亲自担负起指导起义的重任。10月25日（公历11月7日）革命工人、兵士和水兵执行了起义的战斗命令，深夜攻下了冬宫，临时政府被推翻，无产阶级掌握了国家政权，从此，开始了社会主义的新纪元。

英格兰斗士——丘吉尔

丘吉尔（1874～1965），英国政治家，两次担任首相（1940～1945，1951～1955）。1874年11月30日出生在英格兰牛津郡的一个贵族世家。

丘吉尔未上过大学，他的渊博知识和多方面才能是经过刻苦自学得来的。他年轻时在印度南部的班加罗尔服役，在那里有半年多的时间里，他"每天阅读4小时或5小时的历史和哲学著作"。自那以后，丘吉尔从柏拉图、吉本、麦考利、叔本华、莱基、马尔萨斯、达尔文等著名思想家、哲学家、历史学家和生物学家的著作中吸取了丰富的思想营养。这使他的思想更加深刻，人生信念更加坚定，也使他成长为"我们生活的时代里最杰出和多才多艺的人"。

1906年，丘吉尔作为自由党议员进入下院。他主张自由贸易，反对保护主义的关税政策。他历任殖民部次官、商务大臣、

※温斯顿·丘吉尔

世界名人故事

✿ 丘吉尔亲自视察海防

内政大臣、海军大臣和军需大臣、陆军大臣兼空军大臣、殖民大臣等要职。他在任海军大臣期间，大力加强海军实力，以回击德国对英国海上霸权的挑战。

第一次世界大战爆发后，1915年，英军在黑海海峡的盖利博卢战役中失利，同年11月丘吉尔引咎辞职。1919年1月丘吉尔出任陆军大臣兼空军大臣，攻击布尔什维主义，在任期间，鼓吹把新生的苏维埃政权扼杀在摇篮里，积极参与策划武装干涉苏俄。1922年，因不满自由党的政策而脱离该党。同年在议会选举中落选。1924年丘吉尔任鲍德温内阁的财政大臣。1925年在英国恢复金本位制。企图恢复伦敦作为世界金融中心的地位。

1931年1月，因对保守党领袖的政策不满，丘吉尔退出鲍德温的影子内阁。此后他被排斥在政府公职之外，于是专心从事写作。在此期间，他同保守党右翼一起，反对向印度独立的要求作任何让步。丘吉尔对来自德国的威胁不断发出警告，主张重整军备，反对张伯伦姑息德国侵略的绥靖政策，主张联合法国和苏联，依靠国际联盟来阻止德国的侵略。

1939年9月德国入侵波兰后，丘吉尔任张伯伦政府的海军大臣，积极组织援助挪威的战役。1940年5月10日继张伯伦任首相，并兼国防大臣，立即把全国经济纳入战时轨道。丘吉尔政府拒绝德国的诱和，坚持对德作战，同时争取美、苏作为同盟者参战。为了保卫不列颠群岛，他亲自视察海防、空防设施。他支持沦陷国家开展抵抗运动，支持沦陷国家的流亡政府。苏德战争爆发当天，丘吉尔庄严声明："俄国人的危难就是我们的危难，也就

✿ 丘吉尔检阅部队

是美国的危难。"

1941年7月12日，丘吉尔与苏联签订《英、苏在对德战争中联合行动的协定》。8月9日，丘吉尔和罗斯福签署《大西洋宪章》。太平洋战争爆发后，丘吉尔与美国缔结一系列条约，其中包括联合使用两国的军事和经济资源、成立联合参谋部等内容。丘吉尔先后参加德黑兰会议、雅尔塔会议等国际会议。在处置战败的德国、波兰的疆界变动和政府组成等问题上，极力维护英帝国的利益。

1945年7月，保守党在选举中失败，丘吉尔辞去首相职务。1946年3月5日，在美国密苏里州富尔顿发表题为《和平砥柱》的演说，鼓吹英、美联合以对抗苏联拉下的纵贯欧洲南北的"铁幕"。这次演说揭开战后"冷战"时期的序幕。1948年10月9日，丘吉尔在英国保守党年会上正式提出一个把英美联盟、联合的欧洲、英联邦和英帝国连接在一起的"三环外交"的总方针，但由于战后英国的衰落未能实现。

丘吉尔是一位人生内涵极为丰富的传奇人物。他早在二十世纪三十年代对未来战争中的一些重大技术发展所作的预见后来都变成了现实。他主持制定了"二战"中的许多战略计划。他亲自

着意培育了在当时乃至后来左右世界政治格局的英美关系。他是一位把人类从法西斯恶梦中挣脱出来作过特殊贡献的一代英国名相。

世界名人故事

伦敦的丘吉尔铜像

美国新政巨头——罗斯福

富兰克林·罗斯福（1882~1945）是美国历史上唯一蝉联四届(第四届未任满)的总统。罗斯福在20世纪的经济大萧条和第二次世界大战中扮演了极其重要的角色。被学者评为是美国最伟大的三位总统之一。

1882年1月30日，罗斯福出生于纽约。罗斯福5岁时跟随父亲去见当时的总统克利夫兰，总统曾给他一个奇怪的祝愿："祈求上帝永远不要让你当美国总统。"可是他却成了美国历史上执政时间最长的总统，也是最有威望的总统之一。

1904年，罗斯福进入哥伦比亚大学法学院。1905年3月，他与埃莉诺（西奥多·罗斯福总统的侄女）结婚。埃利诺是当时任总统西奥多·罗斯福的侄女，总统亲自参加了结婚仪式，使得结婚非常隆

● 富兰克林·罗斯福（1882~1945）

重，但富兰克林发现，大多数人都是因总统而来，由此激发了他从政的决心。1929年罗斯福出任纽约州州长（1930年再次当选州长）。纽约可以说是罗斯福培养进行政治活动和管理国家事务能力的实验场所。

1932年11月，罗斯福作为民主党总统候选人参加竞选，提出了实行"新政"和振兴经济的纲领。依靠这样的坚忍和乐观，罗斯福终于在1933年以绝对优势击败胡佛，成为美国第32届总统。

在罗斯福首次履任总统的1933年初，正值经济大萧条的风暴席卷美国的时候，到处是失业、破产、倒闭、暴跌，到处可见美国的痛苦、恐惧和绝望。罗斯福入主白宫后，对内积极推行以救济、改革和复兴为主要内容的"罗斯福新政"。"新政"抛弃了传统的自由放任主义，加强政府对经济领域的干预，实行赤字财政，大力发展公共事业来刺激美国经济。

20世纪30年代中期，德、意、日法西斯在欧洲和亚洲形成两个战争策源地。然而，此时的美国盛行

❋ 二战时期的丘吉尔、罗斯福与斯大林

孤立主义。1939年9月，德波战争爆发之后，罗斯福不得不发表正式中立声明并实施中立法。

1940年总统竞选，当时由于世界战争频繁，为保证美国对外政策的一致性，美国人特别是孤立主义者不赞成领导人中途易人，所以55%的选民还是选择了罗斯福。因此罗斯福终于打破了美国"国父"乔治·华盛顿总统确立的传统，第三次当选为美国总统。

1941年1月，罗斯福提请国会"授权并拨给充分的款项，去制造更多的军火和多种军用物资，以供移交现在同侵略国家进行实际战斗的国家"。1941年3月，国会通过的租借法案（总统有权将武器装备租借给与美国安全有关的国家），经总统签署而生效（60%供给英国，32%供给苏联）。租借法案的

通过，使美国处于非交战状态，是美国积极干预反法西斯战争的重要里程碑。

1941年6月，苏德战争爆发之后，罗斯福谴责德国的侵略，宣布美国将援助苏联。8月，罗斯福和丘吉尔在纽芬兰举行会谈并发表《大西洋宪章》。该宪章宣称美国和英国不追求领土扩张，也不愿有违背有关民族意愿的领土变更，尊重各民族选择其政府形式的权利。

1941年12月7日，日本偷袭珍珠港，太平洋战争爆发。德国和意大利对美国宣战。美国则向日本、德国和意大利宣战，正式参加第二次世界大战。

为了赢得战争，罗斯福下令实施战争动员和改组军队指挥机构。战争结束前，美国武装部队员人数达到1514万余人，其中陆军1042万人，陆军航空队230

❋ 罗斯福总统纪念公园里的雕像

万人（飞机7万余架），海军388万余人（舰船4500艘），海军陆战队59万余人，海岸警备队24万余人。

罗斯福在20世纪40年代唤醒了美国对外干涉主义，同时他决定在二战后建立一个维持世界和平的组织——联合国。1942年元旦，在罗斯福的倡导下，美英苏中等26个国家的代表在华盛顿签署《联合国家宣言》，国际反法西斯同盟正式形成。

1944年11月17日，罗斯福再次以53%的得票率第4次当选为美国总统。在这一任期里，罗斯福只担任了73天职务就在佐治亚州与世长辞了。这样，富兰克林·罗斯福连任了4届，12年又39天的总统，是第一位任期超过两届、打破华盛顿先例的总统。由于1951年通过的宪法修正案第22条的限制，他将是美国历史上唯一一位任期达四届的总统。

罗斯福无疑是一个时代的伟人，但又是一个执著地追求美国现实利益的总统，他的行为方式更多地体现出了实用主义的倾向。正是这种不拘泥于教条理论的务实态度，才使罗斯福

在内政和外交方面取得了前所未有的成就。虽然他出身贵族，但他相信平凡人的价值，并且为维护百姓的权利而战，他受人爱戴的另一个原因是，他有着慑人的魅力。他愉快地工作，对未来充满信心。他带领美国走出经济困境，改变了美国人的生活方式。然后为了捍卫民主政体，他帮助世界实现了安全。

印度圣雄——甘地

甘地（1869～1948）是印度民族主义运动和国大党领袖。他既是印度的国父，也是印度最伟大的政治领袖。他带领国家迈向独立，脱离英国的殖民统治。他的"非暴力"的哲学思想，影响了全世界的民族主义者和

❋ 印度圣雄甘地

★ 印度孟买的甘地纪念馆

号召印度人参加英印陆军。他认为这样对英国的忠诚就会使英国同意印度作为英帝国的一个自治政体而达到印度自治。但是，这没有成功。

一战后，他参与了印度国大党的独立运动。他以他的公民不服从、不合作和绝食抗议等政治主张，获得了世界范围的关注。他被英国当局多次逮捕。

甘地反对用英国的织布，号召印

那些争取和平变革的国际运动。

通过"非暴力"的公民不合作，甘地使印度摆脱了英国的统治。这也激发了其他殖民地的人们起来为他们的独立而奋斗。最终大英帝国分崩离析了，取而代之的是英联邦。甘地的主要信念是"精神的力量"、"真理之路"、"追求真理"等。这鼓舞了其他的民主运动人士，如马丁·路德·金，曼德拉等人。他经常说他的价值观很简单，那就是：真理、非暴力。

甘地出生在印度西部的港口城市博尔本德尔的一个印度教家庭，他的父亲是当时的土邦首相。19岁时，甘地留学英国，在伦敦大学学习法律。在伦敦期间，他恪守着离开印度时母亲对他的教诲，不吃荤和不酗酒。回国后，他取得了英帝国的律师资格。他试图在孟买从事律师工作，但是工作没有起色。

一战时，甘地在印度发动运动，

★ 美国纽约中央公园的甘地雕像

度妇女，不论贫富，应该每天花一定的时间织布，来支持独立运动。那时很多人认为独立运动这些事，不适合妇女参加。甘地的这个策略把妇女拉入到独立运动中来。

1919年的阿姆利则血案后，他支持独立的立场更加坚决。当时英国政府和廓尔喀雇佣兵向和平政治集会的人群开枪，数以百计的锡克教徒、印度教徒还有穆斯林被杀。除了抵制英国产品外，甘地还极力鼓励人们抵制英国学校法律机构，辞退政府工作，拒绝缴税，抛弃英国给的称号和荣誉。

1920年4月，他当选印度自治同盟的主席。1921年12月，他又被授予国大党在同盟内的执行代表。在他的领导下，国大党重组，制定了新的章程。用来规定和管理

混乱无序的运动的委员会的层次结构也被建立。新党章规定党的目标是争取独立。任何人只要交纳一定的象征性费用就可以入党。国大党由一个精英组织转变成了一个大众化政党。

1931年甘地赴伦敦参加了有关印度将来的一次圆桌会议，但并没有结果。到1942年，他相信独立是印度唯一可能的出路。他与英国驻印度最后两任总督合作制定了印度独立和分治方案，于1947年8月15日公布。此时，甘地的许多追随者开始尊称他为"圣雄"。

自由法国旗手——戴高乐

戴高乐（1890～1970），法国军人、作家、著名政治家、第二次世界大战时期"自由法国运动"的领袖、法兰西第五共和国的创建者。1959年至1969年为共和国总统。

1890年11月22日，戴高乐出生于法国北方里尔市一个世代殷实的市民和下层贵族家庭。戴高乐的家族有着浓郁的爱国主义气氛。在家庭的影响下，戴高乐对法国历史上爱国主义者的崇拜到

★戴高乐

❋ 戴高乐回到解放后的法国

了痴迷的地步。他的小书架上多为关于这些爱国人物的书籍。圣女贞德是英法战争中的英雄，有关这位女英雄的书，他看过多遍。

少年时期的戴高乐就坚信不疑报效祖国的最好途径就是成为一名出色的军人。在他14岁的时候，戴高乐就郑重其事地对家人说："我打定主意了，我准备考圣西尔，我要当个军人。"1909年8月，戴高乐考进圣西尔军校，开始了他的军事生涯。1912年10月，戴高乐从圣西尔毕业，以少尉军衔服务于贝当麾下。第一次世界大战爆发后，戴高乐在凡尔登作战，三度负伤，三次在战报中受到表彰。

戴高乐一直致力于军事理论的研究。20世纪30年代法国政局动荡不安，世界战争的威胁日益增长。戴高乐与法国的一些有识之士努力唤起法国公众舆论的警惕，竭力主张建立一支由职业军人组成并配备坦克、飞机和机械牵引的新型大炮等先进武器装备的机械化部队，以抵御可能来自莱茵河彼岸的进攻。

1940年5月10日，德国军队侵入荷兰、比利时和卢森堡。戴高乐受命指挥第4装甲师在拉昂、阿布维尔一带进行阻击。战斗中，戴高乐调集3个坦克营投入战斗，打死德军数百名，俘虏130名。6月14日，巴黎沦陷。法国停战求和。在国内继续作战无望的情况下，戴高乐毅然于17日飞往英国。6月18日，戴高乐通过英国广播公司电台向法国人民发表首次广播演说，宣称"无论发生什么情况，法兰西抵抗的火焰决不应该熄灭，也决不会熄灭"。这是一个历史性的时刻，它标志着法国抵抗运动的新开端，戴高乐率先举起了维护法兰西民族独立、抗击法西斯德国的旗帜。

6月22日，法德停战协定签字。戴高乐立即在伦敦发表广播声明，正式宣布发起"自由法国运动"，发誓要"把自由还给世界，把荣誉归还祖国"。戴高乐加紧为自己建立一支战斗队伍。当时，戴高乐唯一的资本就是正义、意志和品格。在6月18日的呼吁广播以后的一星期之内，也只有几百人集合到"自由法国"的洛林双十字旗帜之下。但由于他的坚韧毅力和才干，到1940年7月下旬，首批自由法国的飞行员就参加了对鲁尔区的轰炸；到7月底，大约7000名愿拿起武器为戴高乐和自由法国战斗的人们编成1个师。8月7日，丘吉尔—戴高乐协议达成，英国承认戴高乐为自由法国武装力量的最高统帅。9月，自由法国全国委员会成立。10月，以戴高乐为首的法兰西帝国防务委员会成立，行使政府职权，宣布"要把战争一直打到解放为止"。11月，自由法国武装力量扩展到3万多人。1941年1月，自由法国开始出版自己的官方公报。

1944年6月，戴高乐将"法兰西民族解放委员会"改为法兰西共和国临时政府，声明盟军必须尊重法国主权，决不同意任何其他政府在法国存在，坚决抵制盟军在法国建立占领区军政府和强制发行货币的企图。

1944年6月6日，法国解放战役打响。8月19日，巴黎人民发动武装起义，解放了首都。9月，戴高乐改组临时政府，自任总理兼国防部长，并广泛吸收各种政治倾向的人士参加。至此，戴高乐创建的"自由法国运动"完成了自己的历史使命，戴高乐也完成了从鲜为人知的军人变为声誉卓著的政治家的过程，正式开始了全国范围内的第一次执政。

战争结束后。为

了拯救和恢复法国经济，戴高乐推行国有化，对全国经济进行某种程度的计划管理，并采取了某些社会改革措施。戴高乐在法国历史上第一次建立了社会保险和福利制度。在外交和国际事务上，戴高乐自命为法兰西的化身，发誓要让法国重新跻身于大国行列。

1970年11月19日，戴高乐因心脏病于科龙贝猝然去世，终年80岁。戴高乐坚韧不拔，为法兰西民族的事业奋斗终生，拯救了法国的荣誉，领导法国走向解放和胜利，使今天的法国有了自己的制度、独立和国际地位。为纪念戴高乐，巴黎市议会将拥有凯旋门的星形广场改名为夏尔·戴高乐广场。

❋ 戴高乐将军在检阅军队

第二章

世界名人:军事家卷

Shijiemingren Junshijia Juan

自从人类出现以后,战争便伴随着人类的左右。千百年来,战争的形式也随着人类科技的进步而发生不断的改变。在世界各地,杰出的军事家在不同的时代不断涌现,他们在战争中创造奇迹,他们使人类的战争艺术得到不断的升华,他们用战功让人们记住了他们的名字。

马其顿雄主——亚历山大

亚历山大大帝是古代世界最著名的征服者。他于公元前356年出生在马其顿首都佩拉市。父亲是马其顿国王腓力二世。

亚历山大在父亲被害时年仅20岁，他继承了王位。腓力二世为让儿子继位曾做过精心安排，当时小亚历山大已具有了丰富的军事经验。父亲从未忽视对他的文化教育，家庭教师就是名声显赫的哲学家，也许是古代世界最伟大的哲学家——亚里士多德。

200年来，波斯人统治着广阔的领土，从地中海一直蔓延到印度。虽然波斯施行强权的鼎盛时期已成为过去，但仍是一可怕的敌对势力，仍是地球上领域最广、财富最多、势力最大的帝国。

亚历山大在公元前334年发动了对波斯帝国的侵略战争。他将一部分军队留守在国内，以维持对欧洲的占领，所以当他肆无忌惮出征时，所率部队只有35000人——与波斯部队相比则是敌众他寡。尽管存在许多不利，亚历山大仍对波斯军队致以一系列毁灭性的打击，取得了胜利。他的成功有三个主要原因。第一，腓力二世留给他的军队比波斯军队训练有素。第二，亚历山大是一位杰出将领，也许是举世无双的最伟大的将领。第三，亚历山大本人具有英勇无畏的精神。虽然每场战斗初期亚历山大是在后方坐镇指挥，但他的方针是如果部队发动决定性进攻，他则身先士卒。这种冒险的战术使他屡次受伤，但士兵们看到他与他们生死与共，并不要求他们去冒那些他自己不愿冒

✱ 战场上的亚历山大

的危险，这对他们的士气影响巨大。

亚历山大首先率领部队攻克了小亚细亚，消灭了驻守在那里为数不多的波斯部队；随后向叙利亚北部挺进，在伊苏城击败了一支庞大的波斯部队；接着亚历山大又向南进军，经过7个月的艰难围攻，攻克了泰尔。在围攻泰尔期间，亚历山大收到波斯国王的一封书笺，提出为了达成和平协议，

※ 征服者——亚历山大

本可以返回家园，重新筹划他的新领土。但是他征服的欲望并没有得到满足，而是继续挥军进入阿富汗，又从阿富汗穿过兴都库什山脉进入印度。他在印度西部取得一系列胜利后企图继续向印度东部进军，但是他的军队由于长年战争，已经精疲力竭，不肯东进，亚历山大不得不返回波斯。

他愿把半个波斯帝国割让给亚历山大。亚历山大手下一位将军帕门牛认为这个建议很好，他说："如果我是亚历山大，我就采纳这个建议。"亚历山大回答："如果我是帕门牛，我也会采纳这个建议。"

攻克泰尔之后，亚历山大继续南进。经过两个月的围攻，埃及一箭未发，自动投降。接着亚历山大在埃及停留一段时间，让军队稍有喘息之机。在那里，年仅24岁的亚历山大被誉为法老，称之为神。随后他率军返回亚洲，公元前331年在具有决定性意义的阿拉伯战役中，彻底歼灭了一支极为庞大的波斯军队。经过3年奋战，亚历山大征服了整个波斯帝国，这时

公元前323年6月初，亚历山大在巴比伦突然因发热而病倒，十天后就死去了，死时还不满33岁。亚历山大生前没有指定接班人，死后不久就出现了一场

※ 亚历山大时期的帝国版图

世界名人故事

夺权斗争。在这场斗争中，亚历山大的母亲、妻子和孩子都遭杀身之祸。他的帝国终于被他的将领们肢解了。

因为亚历山大死时年轻，又保持不败纪录，人们做了许多猜测，假如他活着会发生什么事，假如他挥军入侵西地中海诸国，他很可能获得成功，那么西欧的全部历史就会迥然不同。

亚历山大是历史上最富有戏剧性的人物，他的经历和个性一直是力量的源泉。有关他生涯的确凿事实十分富有戏剧性，仅他的名字就有许多种传说。他的志向显然是做一名不受空间限制的最伟大的勇士，似乎也应该给予他这种称号。作为战士，他智勇双全；作为将军，他无与伦比。在11年的奋战中，他从未打过一次败仗。

而且他还是亚里士多德的弟子，是一位智慧非凡的人。他珍爱荷马诗歌。他认识到了非希腊人不一定是野蛮人，这确实

表现了他远比当时的大多数希腊思想家更具有远见卓识。但是，在其它方面，他却目光短浅的令人瞠目。虽然他多次在战斗中冒过生命危险，但是却没有安排接班人，这是他死后马其顿帝国迅速瓦解的主要原因。

战略之父——汉尼拔

公元前6世纪末，在非洲北部（现在的突尼斯）一带出现了一个富强的奴隶制国家——迦太基。迦太基出了一名著名的军事统帅——汉尼拔。汉尼拔(公元前247~公元前183)是迦太基将领哈米尔卡尔·巴尔卡的儿子。他的童年处于第一次"布匿战争"时期。因罗马人称迦太基人为布匿人，所以他们之间的战争被称为布匿战争。汉尼拔从小就经受着战火的锻炼，9岁时，父亲命令他跪在祭坛前发誓：长大成人后，一定要成为罗马誓不两立的仇人。

25岁时，年轻的汉尼拔成为迦太基驻西班牙部队的最高统帅。虽然年轻，但他却在父亲的培育下成长为一个意志坚强、富有军事才能的人。由于从小跟随父亲，受过多年军营生活的磨炼，他

★ 迦太基统帅汉尼拔

具备了坚韧不拔的毅力和吃苦耐劳的精神，且胆识过人，善于用兵。平时，他生活简朴，与士兵同甘共苦；战时，他身先士卒，深受士兵的拥戴。有人曾这样描写他："没有一种劳苦可以使他的身体疲乏或精神颓丧。酷暑也好，严寒也好，他一样受得了。无论在骑兵还是步兵里，他总是把其他人远远地抛在后面，第一个投入战斗，交战之后，最后一个退出战场。"

汉尼拔上任后，就积极准备对罗马的战争。他不仅拟订了古代战争史上少有的周密而详尽的作战计划，还暗中派了许多秘密使者，去争取那些对罗马心怀不满的希腊城邦站在自己的一边。汉尼拔完成一系列对罗马人作战的准备之后，决定迫使罗马人首先向迦太基宣战。为达此目的，他首先进攻罗马的西班牙同盟者——富足的萨贡姆城。萨贡姆城遭到突然袭击后，急忙派使者前往罗马求援。罗马元老院向汉尼拔发出警告，汉尼拔反而责备罗马干涉萨贡姆内政。公元前218年，罗马向迦太基宣战。第二次布匿战争正式开始。罗马人本打算兵分两路：一路从西西

里进攻迦太基本土；一路从西班牙登陆，以牵制汉尼拔的军队。可汉尼拔却惊人地避开了罗马人的主力，冒着极大的危险，率领大军，从小道翻越了人迹罕至的阿尔卑斯山，攻入意大利本土，出其不意地给了罗马军队一个沉重的打击。罗马军队措手不及，作战计划全部被打乱了。

这次跨越阿尔卑斯山的远征，行程近900公里，汉尼拔的大军克服了许多艰难险阻。只用了33天时间就越过了冰雪覆盖、山高坡陡、气候恶劣、岩多路滑的阿尔卑斯山。走完这段异常艰苦的征程后，汉尼拔由9万步兵、1万2千骑兵和几十头战象组成的大部队只剩下2万步兵，6千多没有马的骑兵和一头战象了。不久前刚被罗马人征服的阿尔卑斯山居民仇恨罗马统治者，所以，汉尼拔的军队开下山时，一些高卢部落纷纷

★ 汉尼拔的军队

来投奔，汉尼拔得到了充足的人力和马匹。经过修整，精力充沛、斗志旺盛的迦太基士兵一举打败了罗马部队。这一胜利使徘徊观望的很多高卢人加入汉尼拔的部队。公元前217年6月，汉尼拔采取迂回战术，在意大利中部的特拉西美诺湖畔设下埋伏，把罗马4个军团近3万人的队伍引进了三面环山，一面临湖的峡谷中，不到3小时汉尼拔的军队结束了战斗。罗马损失惨重，执政官战死，1万5千人阵亡，几千人被俘，仅剩6千人冲出重围，逃入附近的一个村庄。汉尼拔的士兵穷追不舍，在缴械留命的条件下罗马士兵全部投降了。汉尼拔区别对待俘虏，命令给罗马士兵全部带上枷锁，立即释放了无罗马公民权的意大利人。

汉尼拔注意利用罗马和意大利各同盟之间的矛盾，目的在于孤立和削弱罗马。与此同时，他还与地中海沿岸的罗马邻国结成反罗马联盟。

汉尼拔翻越阿尔卑斯山

公元前216年8月，著名的坎尼战役爆发。当时罗马军队有步兵8万，骑兵6千，而汉尼拔只有步兵4万，骑兵1万4千。经过12小时的激战，罗马军大败，损失7万余人，而汉尼拔只损失不到6千人，创造了古代军事史上以少胜多的辉煌战例。

公元前196年，汉尼拔当选为迦太基最高行政官，实行了许多重大改革。但这些改革措施遭到贵族寡头们的强烈反抗。他们向罗马政府告密，诬陷汉尼拔准备发动新的反罗马斗争。他们想借此机会加害汉尼拔。已臣服于罗马的迦太基政府竟准备用汉尼拔来换取罗马人的欢心。汉尼拔万般无奈下连夜逃出家乡。罗马人不肯留下后患，跟踪追捕。公元前183年，在无路可逃的情况下，汉尼拔在异国他乡服毒自杀了。

世界名人故事

古罗马战神——恺撒

恺撒(公元前100～公元前44)是古罗马共和国领袖和军事统帅。他带兵打仗几十年，指挥过几十个战役，大都是以少胜多，出奇制胜。他的战略思想和战术原则为西方许多著名军事统帅诸如拿破仑等所效法，对西方军事学相应措施发展做出了杰出的贡献。他曾与幕僚共同著书立说，主要有《高卢战记》、《内站记》、《亚历山大战记》、《阿非利加战记》等。

恺撒出身于贵族世家。公元前78年开始政治活动，起初被选为军事护民官，后历任度支官、市政官、大法官、罗马远征西班牙行省总督等职。恺撒为了竞选执政官成功，需要庞培和克拉苏这两位在当时最有影响力的人的支持，于是，他决意与庞培和克拉苏建立友好关系。

公元前60年，庞培、克拉苏、恺撒这三位有着巨大影响的政治家达成了相互支持的秘密协议，历史上称之为"前三头同盟"。为了巩固这一同盟，恺撒把他年仅14岁已经和别人订了婚的女儿嫁给了年近50的庞培。在庞培和克拉苏的一致支持下，恺撒于公元前59年当选为执政官。恺撒经过一系列的政治活动，已经获得了广大平民和骑士阶层的支持，成为与庞培、克拉苏齐名的强有力的人物。

公元前58年，恺撒出任高卢总督。他统率大军，经过3年的征战，到公元前56年底，基本上

* 古罗马战神——恺撒

吞并了整个高卢。然而他在高卢的统治并不稳固，高卢地区接连爆发反罗马人的起义。公元前52年春，高卢全境爆发了一场反对罗马统治的大起义。起义军主力在高卢北部的阿利细亚城扎下了坚固的营寨。这是一座几乎攻不破的城堡，罗马人除了进行长期的包围之外，别无其他办法。恺撒把所有的部队都调到这里，20万高卢起

义军也云集阿利细亚城下，双方一场恶战不可避免。

战役开始之前，罗马人环绕阿利细亚城筑起一道坚固的壁垒。恺撒寄希望于这些复杂而坚固的工事能够阻止高卢人的进攻，用以补充自己兵力的不足。高卢起义军首先从内外两侧同时向罗马人坚固的工事发起了进攻。在盾牌的掩护下，一队接一队的高卢人像蚂蚁一样往上冲。在战斗中，罗马各军团由于遭受了巨大的损失，士气开始低落。尤其在罗马人的旗手被砍倒后，罗马人的阵脚开始显得有些混乱。一位年轻的罗马士兵张惶失措，突然发现恺撒刚刚站立过的塔楼上已经空无一人，同时位于营寨右边的罗马骑兵放弃了阵地，以全速急驰而去。这位年轻人绝望了。

突然，坚守在栅栏后面的罗马士兵发现高卢人的攻势猛然削弱了，刚才还在向罗马工事冲击的高卢人停止了冲锋，他们的队伍散开了，出现在罗马人视线中的竟是他们自己的骑兵。原来，恺撒指挥他的骑兵抄袭到高卢人的后方，给他们致命的一击，短短几个回合之后，高卢人便开始由进攻改为逃窜。尔后，高卢人全部投降。阿利细亚之战就这样出乎意料的结束了。恺撒以6万军队与高卢人将近25万人的大军相峙，竟以一支骑兵

的偷袭扭转了战局，取得了决定性的胜利。

恺撒、庞培、克拉苏的"三头同盟"是不可能持久的，他们是相互利用的关系。克拉苏在战争中阵亡之后，使原来成鼎足之势的三人同盟变成了恺撒、庞培两雄并立的局面。不久，恺撒的女儿去世，这就意味着恺撒与庞培的联姻关系中断，两人之间为了权力的争斗已势所难免。于是奴隶主两派发生了内战。

公元前50年，以庞培为首的贵族派元老院因担心恺撒建立独裁政权，通过决议拒绝延长恺撒担任高卢总督的任期，令其遣散军队。恺撒拒不执行这一决定。当时，他的军队绝大多数分驻在北部高卢，身边仅有一个军团和一些辅助部队。为了把握战机，经过一番周密策划之后，恺撒于公元前49年1月，果

● 战场上的恺撒

善断，善于抓住战机，特别是能在不利的情况下，以顽强的意志坚持自己的战略企图，扭转战局，展现出他那不同凡响的高超的军事艺术，在罗马乃至世界的历史上留下了盖世英名。

❋ 恺撒头像

断率领一个军团，越过意大利和高卢诸行省之间的界河，以迅雷不及掩耳之势向罗马进发。没有丝毫准备的庞培，匆忙率领一批元老和两名执行官离开罗马，逃往希腊。

同年11月，恺撒率领7个军团出其不意地在希腊登陆，次年春又增加了4个军团和1个骑兵队。6月，恺撒与庞培在希腊的法萨卢进行决战，恺撒彻底打败了庞培，庞培逃到埃及，被埃及国王派人杀死。公元前45年，恺撒实现了他的军事独裁统治。恺撒征战一生，多谋

俄罗斯神鹰——苏沃洛夫

在俄罗斯，提起苏沃洛夫几乎无人不知、无人不晓。在18世纪，他是让敌人闻风丧胆的"常胜将军"，是深受士兵喜爱的"大兵元帅"。他写的《制胜的科学》一书是军官和士兵的囊中宝物，至今仍经久不衰地畅销热卖。但这位"常胜将军"却因为战功显赫，遭人妒忌，最后含恨离开人世。

1729年，苏沃洛夫出生在俄国的一个贵族家庭里。父亲瓦西里·伊万诺维奇·苏沃洛夫是彼得大帝的教子，曾任上将参政员。苏沃洛夫作为贵族子弟，本可以在其出生后不久在近卫军登记入伍，军阶将自动升迁，等长大成人参加部队时便已经是军阶显赫的军官了。但是苏沃洛夫的父亲坚持要送他去军营里接受锻炼。

1746年，年轻的苏沃洛夫参

❋ 俄国历史上的名将——苏沃洛夫

❋ 苏沃洛夫在宿营

军来到了禁卫团。在军营中他发现，很多出身贵族的士兵简直是糟糕透顶：他们在站岗放哨的时候常常擅离职守，还动不动就酗酒斗殴、大打出手。有的懒家伙甚至叫来家里的农奴替自己执行任务或者干重活。

苏沃洛夫不想随波逐流。他从入伍的第一天起就暗暗下定决心，一定要当一个模范士兵。白天，他从不逃避勤务，心甘情愿地去值班、站哨和操练，甚至替他人值班也毫无怨言；晚上，在就寝之前他总要仔仔细细地将武器检查一番。就这样，他以一种近乎苛刻的精神要求着自己。

功夫不负有心人！渐渐地，苏沃洛夫被禁卫团的战友们认可了。苏沃洛夫的战友不得不承认，他有着良好的军人姿态，他的操枪和敬礼的动作完成得干净利落，没有什么人能够比他做得更好！

一天，他被派到夏宫的御花园里站岗，碰巧伊丽莎白女皇出来散步。年轻的苏沃洛夫向她敬了个标准的军礼。他潇洒英武的姿态引起了女皇的注意。女皇不禁停下了脚步，询问这个哨兵的姓名。当得知他是瓦西里·伊万诺维奇·苏沃洛夫的儿子时，女皇高兴得要赐给他一枚银卢布。苏沃洛夫却毕恭毕敬地说："尊贵的女皇陛下，现在我不能接受您的恩赐。《法规》规定，禁止士兵在站哨的时候收受钱物。"女皇听后很高兴，赞道："你懂得勤务，好样的！"

苏沃洛夫就是这样来做好模范士兵的。他这种严格自律的精神为他成为统

❋ 苏沃洛夫率军翻越阿尔卑斯山

世界名人故事

帅作了很好的铺垫。

苏沃洛夫元帅的军事生涯是从士兵开始的，因此他深深地懂得士兵的疾苦和艰辛。由于他对士兵有着特殊的感情，士兵们对他也报以爱戴和尊敬，大家都亲昵地称他"大兵元帅"。

苏沃洛夫最关心的就是士兵的生活和健康。他要求军队不能发生病从口入的事情。他甚至不厌其烦地制定出了许多具体的规定，比如说，要求士兵在做饭时要使用清洁的饮用水，用来做饭的锅必须用镀锡的那种，吃的粮食要有营养，做的面包必须烧透了。苏沃洛夫对生病的士兵更是给予了无微不至地关怀。1792年，苏沃洛夫重返俄罗斯南部时，发现那里的医院对于普通士兵来说简直就是一个充满污秽的地狱。潮湿、阴冷的病房里挤满了等候治疗的伤兵，医生却缺乏必要的专业知识，很多士兵因为得不到及时救治而死去。苏沃洛夫非常气愤。他立刻命令将伤病员进行分类护理。经过一番整顿，士兵们的就医条件得到了极大的改善。很多士兵因此而保住了性命。

苏沃洛夫爱着他的士兵，但对自己的要求却非常严格，一直过着和士兵们一样的生活。即便在他病危的时候，御医建议他应该去温泉静养，他却坚持说："我不能擅离职守。我是一名士兵！"御医提醒他："可您是大元帅！"虚弱的苏沃洛夫神色严肃地回答："可士兵是以我为榜样的！"

这位备受士兵们爱戴的"常胜将军"却因屡建战功而遭到一些宠臣的嫉妒和诬陷，在宫廷中受到了不公正的待遇，曾遭受过5次迫害。其中有一次"伊兹梅尔之耻辱"让苏沃洛夫至死难忘。那是在第二次俄土战争(1787～1791)中，苏沃洛夫指挥俄军经过激战，攻陷了伊兹梅尔要塞，为取得第二次俄土战争的胜利作出了重要贡献。苏沃洛夫认为自己有资格获得元帅杖，但由于宠臣波将金的诡计，他仅被授予普列奥布拉任斯科耶团中校军衔，并被调离俄土战场去视察芬兰至瑞典的边防工程。这给苏沃洛夫很大的打击。但他并没有在宫廷的淫威面前折腰，继续在战场上奉献着自己，建立战功。但是他这样做是不能被那些宫廷里的小人所容忍的。在这之后，苏沃洛夫又连续受到迫害。终于在1800年5月6日，苏沃洛夫带着对宫廷的蔑视和愤怒离开了人世。

❋ 苏沃洛夫远征意大利

世界名人故事

战争理论之父——克劳塞维茨

克劳塞维茨（1780~1831），德国军事理论家和军事历史学家，普鲁士军队少将。1792年，他参加了普鲁士军队；1795年晋升为军官，并自修了战略学、战术学和军事历史学。克劳塞维茨关于战争与作战指导等问题的系统理性认识，对世界军事思想的发展具有重大影响。

克劳塞维茨生于马格德堡附近布尔格镇的一个贵族家庭，生活在封建割据、落后动荡的德意志。他12岁参加普鲁士军队，13岁踏上战场。1803年从柏林军官学校毕业后，任奥古斯特亲王的副官。1806年随亲王参加对法战争，战败被俘。翌年被释放回国后，参加普鲁士军事改革工作。1818年出任柏林军官学校校长并晋升为将军，在任12年，致力于军事理论和战争史研究，著书立说。死后，其遗孀玛丽整理出版了《卡尔·冯·克劳塞维茨将军遗著》，共10卷，《战争论》是其中的前3卷，后7卷为战史著作。

克劳塞维茨虽然对法国大革命持反对态度，但他同时也清楚地看出了这次

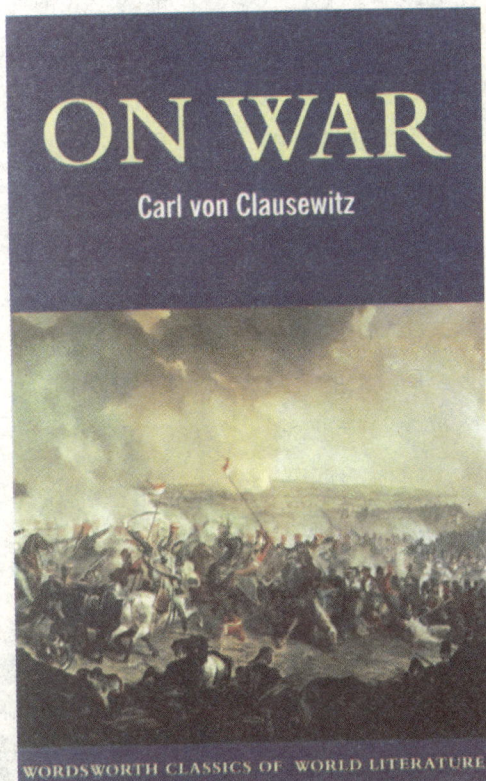

※ 克劳塞维茨

ON WAR

Carl von Clausewitz

WORDSWORTH CLASSICS OF WORLD LITERATURE

※ 克劳塞维茨的《战争论》

革命在军事上引起的根本性变化，并对封建主义军事理论进行了尖锐的抨击。克劳塞维茨研究了1566年～1815年期间所发生过的130多次战争和征战，撰写了论述荷兰独立战争、古斯塔夫二世·阿道夫战争、路易十四战争、菲特烈二世战争、拿破仑战争、1812年卫国战争、1813年德意志解放战争等许多军事历史著作。

克劳塞维茨认为，每次战争都有特色，战争是政治的工具，战斗在战争中起决定性作用。

克劳塞维茨把战争比作一条"变色龙"，认为每个时期的战争都不同于以往的战争。他把战争看作是两个人搏斗的扩大，因而战争是一种暴力行为，所追求的目的是打垮对方。但现实中的战争是各式各样的，战争是由具体的国家、统帅和人进行的。人有坚强的人，也有软弱的人，有始终如一的人，也有不彻底的人。

克劳塞维茨指出，战争从属于政治，是政治的工具，因而统帅应具有政治头脑，应正确地认识他所从事的战争，正确地使用这一工具。政治是孕育战争的母体。由于发动战争的动机不同，产生战争的条件不同，战争

必然是各不相同的。在任何情况下，都不应把战争看作是独立的东西，而应看作是政治的工具。他一再强调，战争是为政治服务的，军事观点必须服从政治观点，任何想使政治观点从属于军事观点的企图都是荒谬的。

克劳塞维茨认为，在战争中，最终解决问题的是战斗，是流血。战争中追求的目的可以是多种多样的：打垮敌人，消灭敌人军队，占领敌国领土，入侵敌地区，待敌进攻等。达到这些目的的方式只有一种，那就是战斗。所谓战斗，就是消灭敌人军队。消灭敌人军队，不仅指消灭敌人的物质力量，还包括摧毁敌人的精神力量。物质力量和精神力量是相互影响、相辅相成的。消灭敌人军队要付出较大的代价，冒较大的危险，但它具有较大价值，因而是值得的。消灭敌人军队同保存自己是实现同一意图的不可缺少的两个方面。

世界名人故事

❋ 克劳塞维茨时代的军队

疯狂的战争天才——希特勒

阿道夫·希特勒（1889～1945），生于巴伐利亚和奥地利的边界城市布劳瑙，卒于柏林。希特勒是德国国家社会主义工人党即纳粹党的总裁和德意志第三帝国的元首，第二次世界大战的战犯。同时，他也是一个出色伟大的演讲家、政治家和冒险的军事家。

1889年4月20日晚上6点半，在流经奥地利和德国巴伐利亚边境的莱茵河河畔奥方的布劳瑙小镇的一家名叫波默的小客栈里，一个名叫克拉拉的年轻妇女生下了一个男婴。由于克拉拉前面生的三个孩子都早早夭折了，所以她对这个儿子就特别疼爱。这个男孩就是阿道夫·希特勒。阿道夫的父亲阿洛伊斯是布劳瑙

＊希特勒

边境小镇的海关官员，是一个42岁的农妇和流浪磨工的私生子。阿道夫的母亲是其叔父的外孙女。阿洛伊斯结婚时，已经48岁，新娘刚25岁，这是阿洛伊斯第三次结婚。此前他有过两次不幸的婚姻。阿道夫是他此次婚姻的第四个孩子。也可能是这种在世人看来极为奇特的身世来历和血缘关系，造就了希特勒的与众不同的气质和性格。

希特勒早年梦想做画家，因而来到维也纳。当时的维也纳是哈布斯堡王朝行将覆灭之前回光返照下的灿烂帝国。但也有住贫民窟、穿破衣服、营养不良的穷人。这时的

＊希特勒

希特勒开始变得富于批判精神和反抗精神，他常常为世道的不公和豪门贵戚们所榨取的不义之财而感到愤愤不平。到维也纳之后，希特勒根本不去想方设法进建筑系，也不想学什么手艺，或者从事任何正常的职业，相反他倒宁愿干些零活：如扫雪、拍打地毯、在车站扛行李。第一年，他主要就靠父亲的那点遗产和每月25克朗的孤儿补助金生活，到1906年，父亲的遗产用完了，只还有每月25克朗的孤儿费，他完全成了一个流浪汉，夜晚宿在公园的长椅子上或随便哪家的大门门洞里，白天在小酒肆和候车室中以廉价食品充饥。

在第一次世界大战期间参加德军，是一名传令兵，获得了几枚铁十字勋章（在士兵中能获得几枚铁十字勋章是很少见的）。战争结束后偶然间接触到法西斯主义并开始传播。早年曾因暴动入狱，并在狱中写下《我的奋斗》一书，表达出他多方面的观点，如兼并奥地利，屠犹和独裁。1933年1月30日出任德国总理；通过"国会纵火案"打击异己党派(德国共产党)。1934年8月1日德国总统兴登堡病逝，希特勒兼任德国总统，并将总统与总理两个职务合二为一，称为元首，拥有无限的权力，并命令所有军队以及法官和政府官员向他宣誓效忠。作为元首，他成为国家政权的单

◆ 希特勒阅兵的宪兵广场

世界名人故事

独执掌者，把军队和教会之外的所有政治社会机构都一体化。第二次世界大战时期兼任德国武装力量最高统帅。他执政期间的德国正式名称为大德意志帝国和德意志帝国，通常被称为纳粹德国、德意志第三帝国或希特勒德国。

在第三帝国初期阶段，他的某些经济措施一度使得德国经济走出第一次世界大战后的泥潭，轻松摆脱经济危机，再加上富有煽动性的演讲而获得下层民众的支持。不过在政治体制上，希特勒领导下的德国相对魏玛共和国时期是倾向于民族保守主义的。他和墨索里尼领导的意大利、东条英机领导的日本联盟结成轴心国，这直接导致第二次世界大战。德国军队在他的领导下干涉西班牙内战，扶持佛朗哥政权，并吞并奥地利、捷克斯洛伐克，入侵波兰、法国、英国、苏联等国家。

国内方面，他建立的第一个集中营即为关押共产党之用。在国内建立冲锋队、党卫军、盖世太保等独立于国防军外的纳粹军事组织。希特勒领导下的第三帝国，实行种族灭绝政策，在德国以及其占领国领土上大量建造死亡集中营，犹太人以及其他人种遭到了大屠杀。根据粗略估计，期间总共有约600万犹太人、数千万其它人种因为希特勒的种族灭绝政策而被屠杀，并在军事占领期间用残酷的掠夺手段对待其他民族和国家。

在战争方面，希特勒在军事上摒弃了第一次世界大战的战争模式，创立并且实践了闪电战等新型战争模式，改变了战争的形态。

1945年4月28日，苏联红军攻入柏林市区。当天夜里希特勒与爱娃·布劳恩举行婚礼。30日15时30分，希特勒夫妇双双自杀身亡。1945年5月8日夜，纳粹德国正式投降。

❋希特勒

铁甲战神——巴顿

被称为"热血与豪胆"的巴顿将军于1885年11月11日出生在加利福尼亚，他成为世界闻名的将军不光是因为他的象牙柄手枪和他的性格，他军事生涯的顶峰是靠他不断努力来换取的，他是人们公认的最能打胜仗的将军。

巴顿从他的童年开始就希望成为一个英雄。他的祖先参加过美国的独立战争、南北战争和美西战争，他从小就是听他祖先的战斗故事长大的，因此他立志成为一个继承家族传统的军人。他在弗及尼亚军校就读过一年，后来考入了西点军校，毕业后以中尉军衔在15骑兵团服役。

❋ 巴顿将军

巴顿于1912年参加了在斯德哥尔摩举行的夏季奥运会，并在现代五项全能中取得了第5名的成绩。虽然在射击上拖了后腿，但他其他的项目完成得很好，他的射击有2发脱靶，但由于靶子的左边打穿的洞比一般的洞大，也有人认为是2发子弹打到一个地方形成的。

奥运会结束后，巴顿如愿以偿地来到法国学习击剑。1913年，巴顿提出的意见得到了国防部的认可，并任命他到堪萨斯的骑兵学校教授剑术。

巴顿参加的第一个战斗是作为传奇人物潘兴将军的部下于1915年远征墨西哥。巴顿派他领导的骑兵在沿着墨西哥边境的布里斯巡逻。

潘兴将军对巴顿的印象深刻，提升他为副官并且要他负责从墨西哥返回的总部军队的一些工作。随着1914年第一次世界大战爆发，坦克被广泛地使用。在1917年，巴顿成为新建的美国坦克小组的第一个成员并指挥这支部队，直到部队在1920年被取消。他负责整个坦克部队的战术和后勤工作甚至他们的制服的设计。在1917年的第一个较大规模的坦克战斗期间，巴顿跟英国坦克一起，在康布来取得了胜利。

拥有了对坦克第一手的资料，巴顿用法国人提供的装备建立了美国第一个坦克学校，并训练500名美国坦克手。在1918年9月进行的默兹—阿拉贡战役时，巴顿有了345辆坦克。当他们参加战斗时，巴顿已经拟定一个计划，他们使用鸽子传达消息尽可

世界名人故事

能保持彼此之间的联系。当他指挥这场战斗时，巴顿把他自己一直暴露在炮火下并受伤。他在这场战斗中表现出来的英勇为他赢得了十字勋章。

巴顿预料到坦克将成为未来战争的中坚，他把坦克部队视为现代战斗的希望。但是国会不愿使用大量的资金建造一种庞大的装甲力量。虽然如此，巴顿仍然继续研究坦克之间的无线电通信，并且为坦克配备适合的大炮和机枪。

在一战之后，巴顿在夏威夷和华盛顿特区工作，他在1924年从列文斯特参谋学校毕业， 并且在1932年成为战争学院的优秀毕业生。

当德国闪电战在欧洲屡试不爽时，巴顿使国会确信美国需要一种更强有力的装甲力量。1941年4月11日，巴顿被任命为将军并指挥第2装甲师。在这个

★ 铁甲战神

时候，巴顿开始描述他建设装甲部队的蓝图。

美国在1941年12月参战，巴顿在1943年7月率领第7集团军与英国人的第8集团军一道进攻西西里岛。1944年，巴顿在法国指挥第3集团军，巴顿和他的军队在诺曼底登陆之后成功利用德军的弱点，横扫法国、比利时、卢森堡、德国、奥地利和捷克等国家。

在第3集团军占领布痕瓦尔德集中营时，巴顿放慢了他的步伐。当第二次世界大战结束时，第3集团军已经攻占了大片的德国领土。

1945年10月，巴顿接到了调任15集团军指挥官的命令。12月9日，他在一次汽车事故中受伤，并在12天以后逝世。1945年12月21日巴顿和在卢森堡战役期间死去的第3集团军的战士埋葬在了一起。

★ "热血与豪胆"的巴顿将军

菲律宾的解放者——麦克阿瑟

道格拉斯·麦克阿瑟，著名军事家，第二次世界大战时期历任美国远东军司令、西南太平洋战区盟军司令；战后出任驻日盟军最高司令和"联合国军"总司令等职。

麦克阿瑟于1880年1月26日出生在美国阿肯色州小石城的军人家庭。其父小阿瑟·麦克阿瑟是美国将军，他可谓是启发麦克阿瑟成为军人的人。1912年9月5日，老麦克阿瑟因心肌梗塞去世。为了纪念父亲，麦克阿瑟还把自己孩子的名字取名为阿瑟，并且把父亲的照片带在身上，半个世纪没离身。

1899年，麦克阿瑟考入美国军事学院(西点军校)。他在校期间既刻苦攻读，又注重体育锻炼。4年之后，麦克阿瑟以全班第一名的成绩毕业，赴菲律宾任美军第3工兵营少尉。

✿麦克阿瑟

1917年，美国参加第一次世界大战后，从各州国民警卫队抽调人员组成第42步兵师。麦克阿瑟出任第42步兵师参谋长，晋升为上校，赴法国参加世界大战。他声称该师人员来自美国各地，犹如跨越长空的彩虹，故该师亦称"彩虹师"。1918年，因作战勇敢和指挥有方，数次获得勋章并升任第84旅准将旅长。同年11月，在大战结束之后担任彩虹师代师长。战争时期，他与远征军总司令部人员结有怨恨。

✿麦克阿瑟

1919年6月，39岁的麦克阿瑟被任命为西点军校校长。他时刻把

"责任—荣誉—国家"作为治校的座右铭。学校体育馆的上方，放着一块匾，上面镌刻着他的一句话：今天，在友好场地上撒播下的种子，明天，在战场上将收获胜利的果实！

1925年，麦克阿瑟晋升为少将，先后在亚特兰大和巴尔的摩任军长。同年，麦克阿瑟在米切尔准将(主张建立独立的空军)案件中奉命担任审判官，以至后来不得不在回忆录中为自己辩解。

麦克阿瑟于1927年秋出任美国奥林匹克委员会主席，率美国代表队参加1928年在阿姆斯特丹举行的奥林匹克运动会并获得冠军。陆军参谋长为此致电祝贺："你不仅获得了

❀ 西点军校主楼

美国人决不撤退的美誉，而且获得了美国人深知如何获胜的光荣。"此后，麦克阿瑟调任驻菲律宾美军司令。

1930年11月，麦克阿瑟接受上将临时军衔，宣誓就任美国陆军参谋长。任内用机械化装备代替马匹，提高了部队的机动能力和速

❀ 西点军校

度；制定战争总动员计划；为诸兵种建立统一的采购制度以减少浪费，建立航空队司令部以提高地空部队的协调效率；反对国会因经济原因而欲裁减陆军机构的企图；反对削减军官队伍，声称"一支陆军可以缺乏口粮，可以衣住简陋，甚至可以装备破旧，但如缺少训练有素及指挥有方的军官，则在战时注定会被歼灭。胜利与失败的不同，全在于有无干练而有效率的军官队伍"；每年均成功地阻止削减陆军员额的议案，并为陆军的战备辩护。

作为陆军参谋长的麦克阿瑟于1932年不惜亲自披挂出马镇压华盛顿的美国退伍军人"退伍金进军"。1933年罗斯福出任总统之后，麦克阿瑟继续担任陆军参谋长。

杰出将军——马歇尔

马歇尔（1880～1959），生于美国。马歇尔的父亲曾经参加过美国南北战争，并一直遗憾自己未能成为一名军官；因此，他特别期望自己的儿子能完成自己的夙愿。1897年9月，不满17岁的马歇尔进入了维吉尼亚军事学院。

维吉尼亚军事学院与著名的西点军校的最大不同，是它的毕业生并不能保证都可以成为美国陆军军官。因此，维吉尼亚军事学院只有设法使它的毕业生超过西点军校毕业生的水准，成为具备更大发展潜力的军人。刚刚从一场伤寒病中痊愈的马歇尔，一入校门很快就赢得了全校高年级学员们的敬重。

当时，高年级学员经常以虐待新生为乐，其中最拿手的一项虐待方式是坐刺刀：在地板上立起刺刀，刀尖朝上，然后命令新生蹲坐在刀尖上，坐刀者必须恰到好处地压住刀尖而不使刺刀倒下，同时又要避免蹲得太重而使臀部刺痛。大病初愈的马歇尔因体力不支而倒在地板上，刀尖深深刺入了他的臀部。如果马歇尔向校方告发，肇事者肯定会被开除，但马歇尔

*马歇尔

保持了缄默。从此之后，新学员马歇尔威名大振，高年级学员宣布，自这一天起将决不再欺侮这个勇气过人的"北方佬"。坚韧不拔的良好品性伴着马歇尔渡过了4年的军校生活和终其一生的军旅生涯。1901年9月，马歇尔以全校第1名的成绩毕业。院长希普将军认为："如果乔治·马歇尔被任命为陆军军官，将会青云直上，远远超过西点军校的一般毕业生。"

1904年2月3日，马歇尔宣誓就任美国陆军少尉。当时美国陆军中的晋升机会非常非常少，马歇尔不得不在早期军事生涯道路上艰难缓慢地前行。到1914年第一次世界大战爆发时，34岁的马歇尔已是具有12年的任职资历的军官，在美国14个不同的部队服过役，两次被派赴菲律宾，两次在国民警卫队服役，还有被选送到陆军参谋学院学习及任教的经历，这为马歇尔日后成为美国陆军有史以来最伟大的参谋军官奠定了坚实的基础。他在每一个职位上都受到上司的好评，但仍只是中尉军衔。1916年初，马歇尔中尉的司令官詹森哈古德将军在对他的鉴定中写道："马歇尔应该被任命为正规准将，此事每拖一天就是对陆军和国家的损失。"但晋升委员会仅擢升他为上尉。

1916年5月，刚晋升为上尉的马歇尔被调往旧金山，担任美国西部军区贝尔将军的副官，并深得贝尔将军的赏识。不久，美国陆军进行扩建，威廉赛伯特将军负责组织陆军第1师，需要出色的参谋军官鼎力相助，当被问及是否需要马歇尔上尉时，赛伯特将军马上回答说："是的，但是我更愿意

❋ 马歇尔

在他的指挥下服务。" 1917年6月，作为美国在第一次世界大战中最先在欧洲登陆的部队，第1师抵达法国。年底，罗伯特布拉德将军接任第1师师长职务，新来的师长早就认为他是美国陆军中最有才华的青年军官之一。

1918年初，工作出色的马歇尔被提升为第1师作战处中校处长，这是他一生中最大的转折点。

1945年11月26日，65岁的马歇尔获准退休，但在10天之后他又应杜鲁门总统之请，再赴中国调停国共冲突。调停失败后，马歇尔于次年11月回国出任国务卿，并组织了北大西洋公约组织，实施了复兴欧洲的"马歇尔计划"。此后，他曾担任美国红十字会会长，国防部部长等职。1959年10月16日，马歇尔与世长辞，享年79岁。早在大战刚刚结束时，英国首相丘吉尔就给马歇尔写过这样一封信："在这些殚精竭虑的岁月中，我对您英勇精神和宏伟魄力始终怀有钦佩之情；正是您这种精神的魄力，使得您共渡艰危的战友们获得真正的慰藉，而我希望自己能被公认为您的这些战友之一。"

在马歇尔将军的葬礼上，已经卸任的杜鲁门说："他是我们这一时代伟人中的伟人，我衷心地希望，当我跨入另外一个世界时，马歇尔能收留我当他的部下，从而我得以努力报答他为我们所做的一切。"

＊ 马歇尔

盟军领袖——艾森豪威尔

艾森豪威尔(1890～1969)是美国第34任总统,生于得克萨斯州。艾森豪威尔少年家贫。他靠自己的努力考入西点军校,以优异的成绩获少尉军衔毕业。艾森豪威尔的军事天才受到参谋长马歇尔的赏识,他在部队中步步高升,从1941年的上校,一直升到1945年的五星上将。1945年凯旋后,杜鲁门总统任命他为陆军总长。1948年退役,任哥伦比亚大学校长。1952年参加总统竞选获胜。1956年连任。任期内,他结束了朝鲜战争,但建立了东南亚条约组织,提出了艾森豪威尔主义,并继续推行冷战政策。

艾森豪威尔生于得克萨斯州丹尼

※ 艾森豪威尔

森城一个贫苦家庭。艰苦的环境和父母严格的要求,使艾森豪威尔从小就养成了坚强的意志、良好的习惯和健壮的体魄。

1915年6月,艾森豪威尔在西点军校毕业,被授予少尉军衔并被派到休斯顿港

※ 艾森豪威尔在前线的军营里

口服役。第一次世界大战期间，他留在国内任科尔特坦克训练中心主任。直到第二次世界大战爆发时，50岁的艾森豪威尔仍是一名步兵营长。但随着世界大战的硝烟越燃越浓，美国加入战争的时间越来越近，军界的高层领导也越来越重视提拔真正有才能的军官。1939年欧战爆发后回国，艾森豪威尔历任营长、师参谋长、军参谋长、集团军参谋长。因工作成绩优异，他得到陆军参谋长马歇尔的赏识。

1941年12月7日，日本偷袭珍珠港，太平洋战争爆发，美国对德日意宣战。艾森豪威尔被任命为美军参谋部作战处处长，升为少将，负责拟定欧洲盟军联合作战计划。他支持"先欧后亚"战略，主张尽快在西欧开辟第二战场，抄近路攻入德国。1942年11月8日，艾森豪威尔率领美英联军10万人分三路在法属北非殖民地登陆，分别占领了阿尔及尔、奥兰和摩洛哥。德军败退突尼斯。北非登陆的成功，为盟军顺利地完成北非战局

部署创造了有利条件。

1943年2月10日，艾森豪威尔晋升为五星上将，这是美国当时最高的军衔，获此军衔的只有总参谋长马歇尔和他。盟军在艾森豪威尔的指挥下，在非洲的德意军队被全部肃清。不久以后，盟军发起西西里岛登陆战役，一路势如破竹。随后，艾森豪威尔大军压境，命令意大利人停止一切抵抗行动，并调转枪口向德军开战。9月3日，意大利新政府向盟军投降并对德宣战，轴心国解体。

1944年6月6日凌晨，艾森豪威尔指挥盟军向诺曼底发动登陆突击，首批登陆部队5个师顶着狂风恶浪，分别在5个登陆地段按时登陆。6月12日，盟军已在正面80公里、纵深13公里～19公里的区域内建立了一个连成一片的巩固登陆

※艾森豪威尔竞选美国总统

场所。这天，艾森豪威尔陪同前来视察的美军总参谋长马歇尔和英国国王乘驱逐舰登上奥马哈滩头阵地，马歇尔称赞艾森豪威尔的指挥艺术，并向罗斯福总统报告说："艾森豪威尔和他手下将士的冷静而自信，以非凡的效率完成了无比巨大和复杂的任务。"

盟军在诺曼底登陆成功后，随即向法国腹地挺进。8月25日，盟军攻占巴黎。艾森豪威尔将他的司令部从伦敦迁到巴黎附近的凡尔塞，指挥蒙哥马利、布莱德雷的几路大军同时向德国边界推进。1945年1月底，艾森豪威尔击退德军在阿登地区的大反攻，挥师驱向德境。

4月25日，美第1集团军与苏军在易北河畔的托尔高地区胜利会师，东线和西线战场连结在一起。5月8日，德军向苏军和盟国远征军无条件投降。德国投降后，艾

森豪威尔出任美国驻德国占领军总司令。

1951年4月2日，艾森豪威尔被任命为北大西洋公约组织最高司令。1952年5月30日，艾森豪威尔从军队退役。之后，他凭着自己的声誉成为共和党的总统侯选人。并于1953年荣登总统宝座，并连任两届。他在任内继续推行杜鲁门的"冷战"政策，扩大核武器生产，加速发展战略空军，推行"大规模报复战略"。离开白宫后，艾森豪威尔撰写了自己的第二本回忆录《白宫岁月》。

1969年3月28日，艾森豪威尔因心脏病发作在华盛顿去逝，终年79岁。

猎狐英雄——蒙哥马利

蒙哥马利是英国陆军元帅。1887年11月17日出生于伦敦肯宁敦区圣马克教区的一个牧师家庭。1901年，14岁的蒙哥马利才正式上学，文化成绩低劣，但体育成绩极棒。1907年他考入了桑德赫斯特英国皇家军官学校。1908年12月他任英国驻印度的皇家沃里克郡团少尉排长。

第一次世界大战期间他曾负重伤。大战结束时任师司令部中校参谋。1920年1月进入坎伯利参谋学院深造。1938年10月任驻巴勒斯坦第8师师长，参与镇压巴勒斯坦人的武装暴

● 二战时期的蒙哥马利

59

动，被晋升为少将。1939年8月，他回国接任以"钢铁师"著称的英国远征军第3师师长。

第二次世界大战爆发后时，蒙哥马利率远征军第3师横渡英吉利海峡，参加了在法国和比利时的战斗。1940年5月德军闪击西欧时，他被迫随英远征军从敦刻尔克撤回英国。1941年他先后任第5军、第12军军长；12月又升任东南军区司令，负责选拔、调整、培养各级指挥官，严格训练部队，提高军事素质。

1942年7月，北非沙漠中的英国第8集团军被"沙漠之狐"隆美尔的德国非洲军团击败，退守埃及境内的阿拉曼地区。在英军濒临崩溃之际，他临危受命接任第8集团军司令，同年10月至11月间他组织向德军发动了阿拉曼战役，一举击溃隆美尔非洲军团，扭转了北非战局；随后又挥师乘胜追击，协同美军将德、意军队围歼于突尼斯。他由此声誉大振，被人们称之为捕捉"沙漠之狐"的猎手。蒙哥马利因功被提升为上将，同时被授予巴斯骑士勋章。

1943年7月，他率英军在西西里登陆，协同美军实施意大利战役，进军意大利半岛。1944年1月调任盟军第21集团军司令，参与诺曼底登

＊蒙哥马利晋升为元帅

陆战役的计划制定工作。1944年6月率领第21集团军在诺曼底登陆，此后转战西北欧，参与指挥了沙纳姆战役和阿登战役。1944年9月1日，蒙哥马利被英国王室晋升为元帅。1945年3月，蒙哥马利率英美联军强渡莱茵河，之后便日夜兼程，向波罗的海进发。5月，驻荷兰、德国西北部和丹麦的150万德军向蒙哥马利投降。

第二次世界大战结束后，蒙哥马利被任命为英国驻德占领军总司令和盟国对德管制委员会英国代表。1946年至1948年任英帝国总参谋长，封子爵。1948年10月出任西欧联盟各国陆海空军总司令委员会常任主席。1949年4月，美国与西欧11国签订了北大西洋公约，12国共同结成防务联

＊毛泽东接见到访的蒙哥马利元帅

盟。1951年4月2日，北大西洋公约组织最高司令部成立，美国的艾森豪威尔将军任最高司令部司令，蒙哥马利任最高副司令。1958年秋退休。

退休后开始撰写回忆录和著书立说，先后写了《蒙哥马利元帅回忆录》、《为将之道》、《从阿拉曼到桑格罗河》、《从诺曼底到波罗的海》等书。1960年和1961年蒙哥马利元帅两次访问中国，提出"承认一个中国是缓和国际紧张局势的原则之一"。1976年3月25日蒙哥马利病逝于伦敦。

功勋元帅——朱可夫

朱可夫于1896年12月2日出生于莫斯科西南卡卢加省一个鞋匠家庭，19岁时应征入伍，参加过第一次世界大战，因作战有功，获乔治十字勋章两枚。十月革命爆发后的第2年，朱可夫加入苏联红军，在与高尔察克白军的战斗中，从士兵升至连长。以后他屡次深造，先是1920年毕业于骑兵训练班，后于1925年又毕业于骑兵指挥员进修班，1930年再毕业于高级首长班。之后，历任骑兵旅旅长、骑兵监察部助理、骑兵第4师师长、骑兵第3军和第6军军长、白俄罗斯特别军区副司令等职。

1939年6月，朱可夫调任驻蒙苏军第1集团军司令，指挥苏蒙军队成功地实施了围歼日军重兵集团的哈拉哈河战役，粉碎了日军北进

的企图。朱可夫因此被首次授予"苏联英雄"称号。之后，一跃而成为一颗耀眼的明星。1940年6月，他晋升为大将，并被任命为基辅特别军区司令。1941年1月，朱可夫被任命为苏军总参谋长，成为苏军的首脑人物。

1941年6月22日，苏德战争爆发。次日，苏联成立最高统帅部大本营，朱可夫成为7名成员之一。7月29日，朱可夫

✲ 功勋卓著的朱可夫元帅

世界名人故事

建议斯大林放弃基辅，全力保卫莫斯科。斯大林答道："真是胡说八道，基辅怎能放弃给敌人？"朱可夫忍不住反驳："如果你认为我这个总参谋长只会胡说八道，这里也就用不着我了，我请求解除我的职务把我派往前线。"一阵争执之后，斯大林决定解除朱可夫的总参谋长职务，派他到前线担任预备队方面军司令员。以后的战争进程显示了朱可夫的预测是正确的，如果当时斯大林采纳他的建议，就不会造成基辅战役中66万苏军被围歼的悲剧。几小时后朱可夫就动身去前线担任预备队方面军司令员。他率领该方面军在叶尼亚地域成功地实施了卫国战争中的首次进攻战，粉碎了德军的先头部队。

★朱可夫在阅兵

1941年9月，当列宁格勒被德军包围时，朱可夫被任命为列宁格勒方面军司令员，率该方面军与波罗的海舰队协同作战，有力地阻止了德军的进攻，挫败了希特勒要将该城"从地球上抹掉"的企图。同年10月，首都莫斯科告急，朱可夫又被调回莫斯科，担任新的西方方面军司令员，全面负责莫斯科防御战的指挥。他着手在莫斯科近郊以西建立起坚强的防线，顶住了德第4集团军的正面强攻，使德军精疲力尽，锐气丧尽。当寒冬来临之际，苏军对疲惫不堪冻得半死的德军发起强大的反攻，迫使德军败退，取得了莫斯科保卫战的胜利，德军不得不改闪击战为持久战。

1942年8月，斯大林任命朱可夫为最高副统帅，赶赴斯大林格勒前线督战。在分析了斯大林格勒的形势后，他先组织苏军积极防御使敌疲劳，然后会同华西列夫斯基制定了庞大的反攻计划，使斯大林格勒地域的30万德军被围歼。1943年1月18日，斯大林格勒会战后，朱可夫被授予元帅军衔。紧接着他又指挥了列宁格勒破围战和库尔斯克会战，取得了极大成功。

1944年3月，朱可夫任乌克兰第一方面军司令员，该方面军立即成为1944年反攻中最出色的部队，在不到一个月的攻势中，歼灭德军20万，解放了4万余平方公里的苏联领土。

5月，朱可夫又被委以新任，负责协调白俄罗斯第一方面军及第二方面军的作战行动，解放了白俄罗斯全境。1944年11月，朱可夫被任命为白俄罗斯第一方面军司令员，很快率该方面军反攻到德国境内。

1945年4月16日，苏军三个方面军对柏林发起总攻。朱可夫指挥的白俄罗斯第一方面军作为最强大的集团和攻击的矛头，首先攻占柏林。5月9日，朱可夫代表苏联在德国投降书上签字。

战后，驻德苏军部队统编为苏驻德占领军集群，朱可夫出任总司令兼苏联军管局总指挥。1946年4月，朱可夫调离柏林，回莫斯科担任苏武装力量部副部长兼陆军总司令。1953年3月，任苏联国防部第一副部长。1955年2月，任苏联国防部部长。1958年3月，朱可夫正式退休。

朱可夫是一位卓越的军事战略家，功勋卓著，先后获得列宁勋章6枚，十月革命勋章1枚，红旗勋章3枚，一级苏沃洛夫勋章2枚，"胜利"最高勋章2枚，以及奖章和外国勋章多枚。他在苏联卫国战争中的杰出贡献，使他作为与库图佐夫、苏沃洛夫相提并论的俄罗斯民族英雄载入史册。正如艾森豪威尔所赞颂的那样"有一天肯定会有另一种俄国勋章，那就是朱可夫勋章，这种勋章将被每一个赞赏军人的勇敢、眼光、坚毅和决心的人所珍视。"

朱可夫是战场上胜利的象征。1974年，这位战功卓著的元帅溘然长逝。

❋ 克里姆林宫前的朱可夫雕像

世界名人故事

沙漠之狐——隆美尔

隆美尔于1891年11月15日出生于德国一普通的中学校长之家。1910年从军，两年后获中尉军衔。一战时随部队开赴法国，后又在东线与罗马尼亚人和意大利人作战，在长达4年之久的厮杀中，作为下级军官的隆美尔作战悍勇、果敢机智，在战火中显露出了锋芒，获得了德皇威廉二世授予的功勋奖章。一战结束后，他担任过步兵营长和陆军学院教官。1936年9月，他被任命为希特勒警卫部队指挥官。1937年，隆美尔出版了《步兵攻击》一书，记述他个人在一战中的战斗经历，书中贯穿了德国军事理论的进攻精神，提出"进攻，进攻，进攻！"强调了发扬火力的重要性。1938年，隆美尔升任元首大本营司令官，并获少将军衔。

1940年2月，他被任命为第7装甲师师长。在法国战役中，他率领第7装甲师横穿法国，直抵瑟堡，其攻击速度之快，挺进距离之远，使该师赢得了"魔鬼之师"的称号。

1941年1月，当意大利在北非的基业即将崩溃时，希特勒挑选隆美尔担任德国非洲军中将军长。他到达北非后，不到两个月就扭转了北非战局，占领了除托卜鲁克外的整个昔兰尼加地区，在沙漠上扬起了隆美尔式的旋风。6月15日，英军对他发起代号为"战斧"

行动的大规模进攻。隆美尔在机动作战中挫败了英军的锋芒，取得了胜利。此役后，隆美尔被希特勒晋升为上将。11月18日，丘吉尔向非洲增派了更多的部队，重新发起代号为"十字军远征"的进攻。在反

● 沙漠之狐——隆美尔

击作战取得初步胜利后，隆美尔亲率非洲军主力越过利比亚与埃及的边境向东挺进，企图切断英军的退路。隆美尔的这一着棋引起了英军的恐慌，第8集团军司令坎宁汉准备下令全线撤退，但在英中东军司令奥金莱克干预下，英军继续进攻。隆美尔后方吃紧，燃料又缺乏，不得不后撤。1942年1月，隆美尔有组织地将部队撤至卜雷加港。在得到补充后，隆美尔再度发起了进攻，并迅速突破了英军防御，占领了托卜鲁克，征服了昔兰尼加。1942年6月22日，隆美尔被擢升为德国陆军元帅，达到了他一生中最辉煌的顶点。这一年，隆美尔年仅51岁。

接着，隆美尔挥军乘胜追击，不到10天，前进500多公里，直抵埃及境内的阿拉曼。然而隆美尔部队过长的战线增加了供给困难，他的疲劳至极的部队也失去了攻势，不得不暂停进攻。而英国人则加强了其在北非的兵力。1942年10月23日，英第8集团军新司令官蒙哥马利向隆美尔发起代号为"轻步"的进攻。隆

❀ 隆美尔在非洲指挥作战

美尔很清楚自己所面临的不利形势。因此，隆美尔不顾希特勒的死守命令，断然下令撤退。11月9日，隆美尔终于带着德非洲军的部分部队撤出埃及，退回到利比亚境内。

1943年11月，隆美尔出任B集团军司令并奉命加强"大西洋壁垒"防御工事，他一再强调"必须在海岸击败敌人"的论点。在隆美尔的推动下，"大西洋壁垒"在短短的几个月内已全貌改观。在他认为可能登陆的任一滩头，架起了粗糙的登陆障碍物，另外在数千公里的海岸线埋设了500万枚地雷。在空旷地立尖杵使滑翔机无法着陆。尽管"大西洋壁垒"工事做得多完善，敌军仍可能夹带强势兵力与物资抢滩登陆，因此隆美尔主张把装甲部队部署于海岸不远处。以免盟军的空中力量切断预备队与战场的联系。

1944年6月6日，盟军在诺曼底登陆，隆美尔指挥B集团军拼命抗击，隆美尔的汽车也遭到盟军飞机的攻击，他多处负伤仍奇迹般地活了下来。1944年10月

14日，正在养伤的隆美尔因被指控参与了7月20日谋杀希特勒的事件而被迫服毒自杀。

　　隆美尔一生短暂，只活了52岁，而他却在军中度过了34年之久。他惊人的军事素质使他在战场上叱咤风云，他把德国军事学说的进攻精神融于自己的军事指挥之中，善于捕捉稍纵即逝的战机，敢于力排众议，果断发起进攻。在战斗中他总是冲杀在最前面，因而能控制瞬息万变的战场。他一身兼备"虎"威与"狐"气，当他率军冲锋陷阵时，他像一只下山猛虎；当他施展各种诡计欺敌时，又像一只狡猾的狐狸。丘吉尔曾这样评价隆美尔："尽管我们在战争浩劫中相互厮杀，请准许我说，他是一位伟大的将军。"

❋ 隆美尔视察"大西洋壁垒"

第三章

世界名人：科学家卷

Shijiemingren Kexuejia Juan

千百年来无数知识的积累，才有了今天现代人类文明；历史长河中众多科学家的不断探索，才使我们逐步揭开科学的面纱。科技的力量使人类征服自然的能力大大的增强。我们在享受科技带来的各种便利的同时，也应该记住那些为科学而献身的人们。

古希腊数学家——阿基米德

阿基米德(约公元前287~公元前212)是古希腊物理学家、数学家,静力学和流体静力学的奠基人。他出生于西西里岛的叙拉古(今意大利锡拉库萨)一个,贵族之家,与叙拉古的赫农王有亲戚关系,家庭十分富有。阿基米德的父亲是天文学家兼数学家,学识渊博,为人谦逊。

阿基米德早年在当时的文化中心亚历山大跟随欧几里得的学生学习,以后和亚历山大的学者保持紧密联系,因此他算是亚历山大学派的成员。后人对阿基米德给予极高的评价,常把他和牛顿、高斯并列为有史以来三个贡献最大的数学家。他的生平没有详细记载,但关于他的许多故事却广为流传。据说他确立了力学的杠杆定律之后,曾发出豪言壮语:"给我一个支点,我就可以撬动这个地球!"

他正确地得出了球体、圆柱体的体积和表面积的计算公式,提出了抛物线所围成的面积和弓形面积的计算方法。

最著名的还是阿基米德螺线($\rho = \alpha \times \theta$)所围面积的求法,这种螺线就以阿基米德的名字命名。他以锥曲线的方法解出了一元三次方程,并得到正确答案。

阿基米德还是微积分的奠基人。他在计算球体、圆柱体和更复杂的立体

世界名人故事

＊ 阿基米德

的体积时,运用逐步近似而求极限的方法,从而奠定了现代微积分计算的基础。

最有趣的是阿基米德关于体积的发现:

有一次,阿基米德的邻居的儿子詹利到阿基米德家的小院子玩耍。詹利很调皮,也是个很讨人喜欢的孩子。

詹利仰起通红的小脸说:"阿基米德叔叔,我可以用你圆圆的柱子作教堂的立柱吗?"

"可以。"阿基米德说。

小詹利把这个圆柱立好后,按照教堂门前柱子的模型,准备在柱子上加上

* 阿基米德

世界名人故事

一个圆球。他找到一个圆球，由于它的直径和圆柱体的直径和高正好相等，所以球"扑通"一下掉入圆柱体内，倒不出来了。

于是，詹利大声喊叫阿基米德，当阿基米德看到这一情况后，思索着：圆柱体的高度和直径相等，恰好嵌入的球体不就是圆柱体的内接球体吗？

但是怎样才能确定圆球和圆柱体之间的关系呢？这时小詹利端来了一盆水说："对不起，阿基米德叔叔，让我用水来给圆球冲洗一下，它会更干净的。"

阿基米德眼睛一亮，抱着小詹利，慈爱地说："谢谢你，小詹利，你帮我解决了一个大难题。"

阿基米德把水倒进圆柱体，又把内接球放进去；再把球取出来，

量量剩余的水有多少；然后再把圆柱体的水加满，再量量圆柱体到底能装多少水。

这样反复倒来倒去的测试，他发现了一个惊人的奇迹：内接球的体积，恰好等于外包的圆柱体的容量的三分之二。

他欣喜若狂，记住了这一不平凡的发现：圆柱体和它内接球体的比例，或两者之间的关系是3：2。

他为这个不平凡的发现而自豪，他嘱咐后人，将一个有内接球体的圆柱体图案，刻在他的墓碑上作为墓志铭。

阿基米德的惊人才智，引起了人们的关注和敬佩。朋友们称他为"阿尔法"，即一级数学家（α—阿尔法，是希腊字母中第一个字母）。

阿基米德作为"阿尔法"，当之无愧。所以20世纪数学史学家贝尔说："任何一张列出有史以来三个最伟大的数学家的名单中，必定包括阿基米德。另外两个数学家通常是牛顿和高斯。不过以他们的丰功伟绩和所处的时代背景来对比，拿他们的影响当代和后世的深邃久远来比较，还应首推阿基米德。"

给我一个支点 我就可以撬起地球

我们说，阿基米德的数学成就在于他既继承和发扬了古希腊研究抽象数学的科学方法，又使数学的研究和实际应用联系起来，这在科学发展史上的意义是重大的，对后世有极为深远的影响。

阿基米德是古代希腊最伟大的数学家及科学家之一，他在诸多科学领域所作出的突出贡献，使他赢得同时代人的高度尊敬。

近代天文学奠基者——哥白尼

哥白尼（1473~1543），波兰天文学家，日心说创立者，近代天文学的奠基人。哥白尼曾在波兰和意大利的大学学习，研究数学、天文学、法学和医学，获意大利费拉拉大学教会法博士。哥白尼最大的成就是从1510年开始，整整花了20多年的时间，数易其稿，终于写成了6卷天文学著作《天体运行论》，以科学的日心说否定在西方统治1000多年的地心说。这是天文学上一次伟大进步，引起人类宇宙观的重大革新。

哥白尼于1473年2月19日在波兰北部的桑城出生，父亲经商非常成功，但因父亲早逝，哥白尼由叔父抚养长大。由于叔父是天主教的主教，也是一位学者，热衷教育，使哥白尼得以接受优良的教育。他在波兰南部最优秀的学府科拉科大学攻读美术与数学，当时哥伦布和他的船发现了新大陆，对哥白尼的宇宙观有重要的影响。1496年他前往意大利北部留学10年，在波隆那大学学习教会法，同时也跟随天文学家诺巴拉从事星象观测，也到过罗马观测行星。后来他在帕度亚大学获得教会法的博士学位，之后又学医。他回到波兰后悬壶济世，受到大家的爱戴，同时在叔父服务的教会担任干事，叔父去逝后，更掌理教会的行政工作。

在那个时候，人们要学天文学，就是学托勒密的理论，他的所有观点都被认为是神圣的。比如托勒密认为：月亮之所以有圆缺，是它自己不停地在膨胀

✱ 哥白尼

世界名人故事

和收缩。

后人要超越前人的理论，就要敢于怀疑权威。1497年3月9日，哥白尼观测到月亮黑暗部位掩住金牛座α星的天象。这使他认识到，那片区域里存在着看不到的半个月球，这是他第一次怀疑托勒密理论的权威性。

长期天文观测，业内人士的争论，使得哥白尼很清楚地心说存在的麻烦。大约从16世纪初开始，他就阅读大量古代文献，想看看有谁怀疑过地心说，或者除了地心说，还有哪些天文理论可以发扬光大。他因此踩到了无数前辈的肩膀上，看到了更进一步的真理。

1510年，哥白尼已经建立了日心说的萌芽。他写了一篇文章，名叫《试论天体运行的假设》，并将它在朋友中散发。在此基础上，他开始用大量数学和实际观测资料创作6卷本的《天球运行论》。

当时天主教内部的舆论环境相对宽松，远不是后来烧死布鲁诺、囚禁伽利略的那个教会，这个环境支持着哥白尼进行探索。哥白尼确实为了不让有些人因为宗教原因反对日心说，在理论形成以后迟迟不将《天球运行论》出版。然而他所顾忌的人并不是教会高层，而是他认为没有天文观测经验和数学知识的凡夫俗子，一些"狂信者"。

哥白尼本身就是教会的成员，他参与过历法改革，并担任高官。在将近20年的时间中，天主教会高层里许多人都知道"哥白尼有个新理论"。卡普亚红衣主教舍恩贝格曾经热情地来信，希望他早日将此书出版。1533年，哥白尼甚至向当时的教皇克莱门特七世讲了日心说。后者也表示赞许，并要求哥白尼把它正式发表出来。

但正像"哥白尼"这个名字所反映的那样——它的词意为谦逊——他似乎有些谨小慎微。即使有"永无谬误"的教皇撑腰，仍然迟疑不决。

1539年，维腾堡大学学者雷蒂库斯慕名拜访哥白尼。当他听闻日心说，犹如醍醐灌顶。他回去之后就写了本小册子，热情洋溢地宣传哥氏学说。这本小册子引起了很大反响，而且反响还比较正面。雷蒂库斯回过头又游说哥白尼，把手稿交给他去出版。这时的哥白尼也已经步入暮年，因为中风落下半身不遂。他也确实不想把成果带进棺材，就

✳ 哥白尼和他的日心说

※ 哥白尼体系示意图

榻上看到印刷好的《天球运行论》，几小时后就撒手人寰。这个传闻有些戏剧性，它使人们误以为，哥白尼生活在严酷的舆论环境下。其实这本书迟迟不能出版，更多还应该算在他性格中谨小慎微的份上。

《天球运行论》不仅讨论日心说，本身还是哥白尼的论文集，包括几篇球面三角论文。哥白尼一生没发表过多少东西，所以临终之前把一切值得留下的成果都汇编到这本书里。

把手稿交给了这个唯一弟子。

不久，雷蒂库斯联系好出版商开始印刷此书。但因为宗教动乱，他的工作没有完成，自行流亡。他的一位朋友安德雷斯·奥斯安德接下这个任务。为了掩人耳目，奥斯安德善意地写了一个前言，声称书中所介绍的只是一种计算方法，用来更方便地预测天象，并不代表着宇宙真是这样在运转。在该书的扉页上更是印了这么一行字：不懂几何学的人请勿入内。

传说哥白尼在病

近代科学之父——伽利略

伽利略是伟大的意大利物理学家和天文学家，科学革命的先驱。历史上他首先在科学实验的基础上融会贯通了数学、物理学和天文学三门知识，扩大、加深并改变了人类对物质运动和宇宙的认识。为了证实和传播哥白尼的日心说，伽利略献出了毕生精力。由此，他晚年受到教会迫害，并被终身监禁。他以系统的实验和观察推翻了以亚里士多德为代表的、纯属思辨的传统的自然观，开创了以实验事实为根据并具有严密逻辑体系的近代科学。因此，他被称为"近代科学之父"。他的工作，为牛顿的理论体系的建立奠定了基础。

伽利略1564年2月15日生于比萨，他的父亲精通音乐理论和声学，著有《音乐对话》一书。1574年伽利略全家迁往佛罗伦萨。伽利略自幼受父亲的影响，对音乐、诗歌、绘画以及机械兴趣极浓；也像他父亲一样，不迷信权威。17岁时进比萨大学学医，可是他感到医学枯燥无味，

世界名人故事

❋ 近代科学之父伽利略

而对欧几里得的几何学和阿基米德的力学怀有浓厚兴趣。1585年伽利略因家贫退学，担任家庭教师，但仍奋力自学。1583年，伽利略在比萨教堂里注意到一盏悬灯的摆动，随后用线悬铜球作模拟单摆实验，确证了微小摆动的等时性以及摆长对周期的影响，由此创制出脉搏计用来测量短时间间隔。1586年，他发明了浮力天平，并写出论

文《小天平》。

1588年伽利略在佛罗伦萨研究院做了关于但丁《神曲》中炼狱图形构想的学术演讲，其文学与数学才华大受人们赞扬。次年发表了关于几种固体重心计算法的论文，其中包括若干力学新定理。由于有这些成就，当年比萨大学便聘请他任教，讲授几何学与天文学。第二年他发现了摆线。当时比萨大学教材均为亚里士多德学派的学者所撰，书中充斥着神学与形而上学的教条。伽利略经常发表辛辣的反对意见，由此受到校内该学派的歧视和排挤。1591年其父病逝，家庭负担加重，他便决定离开比萨。

1592年，伽利略转到帕多瓦大学任教。帕多瓦属于威尼斯公国，远离罗马，不受教廷直接控制，学术思想比较自由。在此良好气氛中，他经常参加校内外各种学术文化活动，与具有

❋ 伽利略和他的望远镜

各种思想观点的同事论辩。此时他一面吸取前辈如塔尔塔利亚、贝内代蒂、科门迪诺等人的数学与力学研究成果，一面经常考察工厂、作坊、矿井和各项军用民用工程，广泛结交各行业的技术员工，帮他们解决技术难题，从中吸取生产技术知识和各种新经验，并得到启发。

◈ 伽利略

在此时期，他深入而系统地研究了落体运动、抛射体运动、力学、水力学以及一些土木建筑和军事建筑等，发现了惯性原理，研制了温度计和望远镜。伽利略日后回顾在帕多瓦的18年时，认为这是他一生中工作最顺利、精神最舒畅的时期。事实上，这也是他一生中学术成就最多的时期。

20年来伽利略在物理学和天文学研究上的丰硕成果，激起了他在学术上的更大企求。为了取得充裕时间致力于科学研究，1610年春，他辞去大学教职，接受托斯卡纳公国大公聘请，担任宫廷首席数学家和哲学家的闲职与比萨大学首席数学教授的荣誉职位。

1624年，伽利略前往罗马，希望获得故友新任教皇乌尔邦八世的支持，以维护新兴科学的生机。此后6年间，他撰写了《关于托勒密和哥白尼两大世界体系对话》一书，此书在表面上保持中立，但实际上却为哥白尼体系辩护，远远超出了仅以数学假设进行讨论的范围。

这本书出版后6个月，罗马教廷便勒令停止出售，认为作者公然违背"1616年禁令"，问题严重，亟待审查。曾支持乌尔邦八世当上教皇的集团激烈地主张要严惩伽利略，而神圣罗马帝国和西班牙王国认为如纵容伽利略会对各国国内的异端思想产生重大影响，提出联合警告。在这些内外压力和挑拨下，教皇便不顾旧交，于这年秋发出了伽利略到罗马宗教裁判所受审的指令。

年近七旬而又体弱多病的伽利略被迫在寒冬季节抱病前往罗马，在严

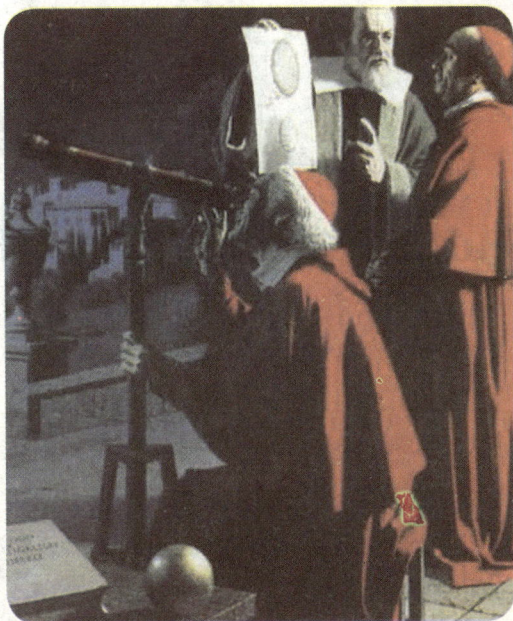

◈ 伽利略和助手们在一起

刑威胁下被审讯了三次，根本不容申辩。1633年6月22日，在圣玛丽亚修女院的大厅上由10名枢机主教联席宣判，伽利略主要罪名是违背"1616年禁令"和《圣经》教义。伽利略被迫跪在冰冷的石板地上，在教廷已写好的"悔过书"上签字。主审官宣布：判处伽利略终身监禁；《对话》必须焚绝，并且禁止出版或重印他的其他著作。此判决书立即通报整个天主教世界，凡是设有大学的城市均须聚众宣读，借此以一儆百。

伽利略的晚年是非常悲惨的。这位开拓了人类的眼界，揭开了宇宙秘密的科学家，1637年双目完全失明，陷入无边的黑暗之中。他唯一的亲人——小女儿玛莉亚先他离开人间，这给他的打击是很大的。但是，即使这样，伽利略仍旧没有失去探索真理的勇气。1638年，他的一部《关于两门新科学的讨论》在朋友帮助下得以在荷兰出版，这本书是伽利略长期对物理学研究的系统总结，也是现代物理的第一部伟大著作。后来，宗教裁判所对他的监视有所放宽，他的几个学生，其中包括著名物理学家、大气压力的发现者托里拆利来到老人身边，照料他，同时也向他请教。他们又可以愉快地在一起讨论科学发明了。

1642年1月8日，78岁的伽利略停止了呼吸。但是他毕生捍卫的真理却与世长存。具有讽刺意味的是，在300多年后，1979年11月，在世界主教会议上，罗马教皇提出重新审理"伽利略案件"。为此，世界著名科学家组成了一个审查委员会，负责重新审理这一冤案。其实，哪里还用得着审理什么呢？宇宙飞船在太空飞行，人类的足印深深地留在月球的表面，人造卫星的上天，宇宙测探器飞出太阳系发回的电波等等，所有这些现代科学技术的进步，早已宣告了宗教神学的彻底破产，人类将永远记住伽利略这个光辉夺目的名字。

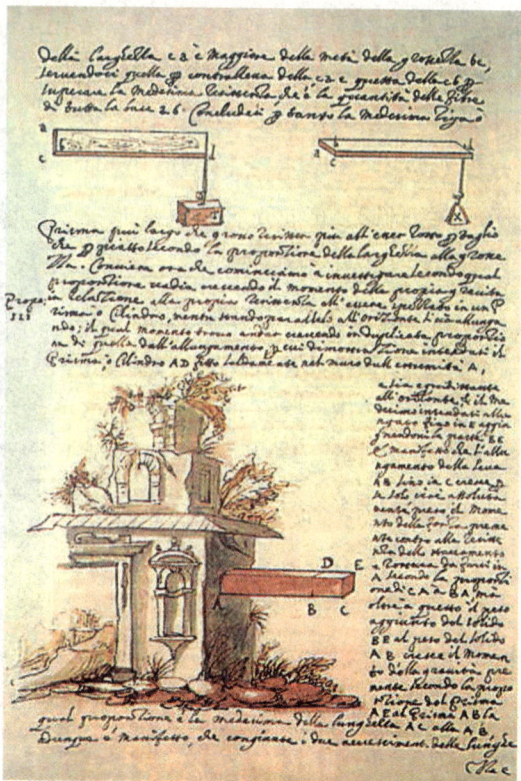

❋ 伽利略的《两种新科学》手稿

世界名人故事

经典物理学大师——牛顿

牛顿（1642～1727），英国数学家、物理学家、天文学家和经典力学体系的奠基人。1642年12月25日，牛顿诞生于英格兰林肯郡格兰瑟姆附近的沃尔索普村一个自耕农家庭。1661年牛顿入英国剑桥大学三一学院，1665年获文学士学位。随后两年他在家乡躲避瘟疫。这两年里，他制定了一生大多数重要科学创造的蓝图。1667年回剑桥后当选为三一学院院委，次年获硕士学位。1696年任皇家造币厂监督，并移居伦敦。1703年任英国皇家学会会长。1706年受女王安娜封爵。他晚年潜心于自然哲学与神学。1727年3月20日在伦敦病逝。牛顿在科学上最卓越的贡献是微积分和经典力学理论体系的建立。

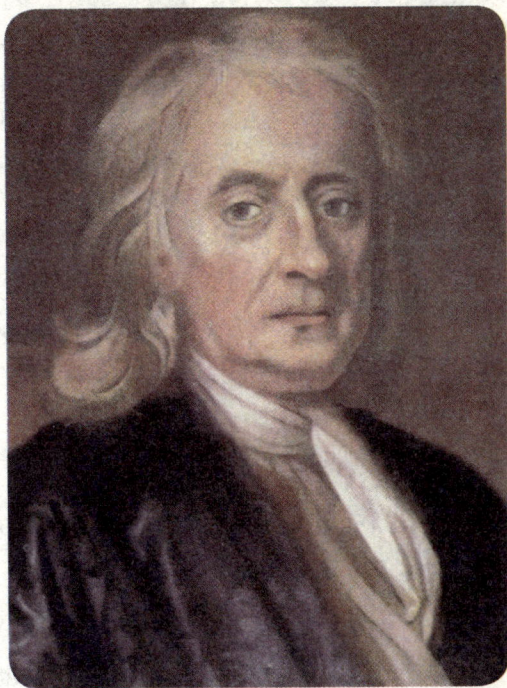

* 经典力学体系的奠基人牛顿

少年时代的牛顿不像高斯、维纳那样从小就显露出引人注目的科学天才；也不像莫扎特那样表现了令人惊叹的艺术禀赋。他跟普通人一样，轻松愉快地度过了中学时代。如果说牛顿和别的孩子有什么不同的话，那就是他的动手能力相当强。他每做一件东西，总是一声不吭地埋头苦干。如果做得不合适就拆了重做，绝不马虎。他做过会活动的水车；做过能测出准确时间的水钟；还做过一种水车风车联动装置，使风车可以在无风时借助水力驱动。

1665年，22岁的牛顿从剑桥大学毕业了。在两年的乡居期间，发明了微积分，发现了白光的组成，并且开始研究引力问题。

1666年1月，有一天牛顿请母亲和弟弟妹妹到自己房间里来。房间里黑洞洞的，只从窗子的一个小孔中透过一线阳光，在墙上照出一个白色的光点。牛顿让他们注意看墙上的光点。他手里拿着自制的三棱镜，放在光线入口处，使光折射到对面墙上，光点附近突然映出一条瑰丽的彩带。这条彩带同雨后晴空中出现的彩虹一样，由红、橙、黄、绿、青、

★ 三一学院里的牛顿苹果树

蓝、紫等七种颜色组成。牛顿和自己的亲人共同观赏了人工复现的自然景象。后来，牛顿又用第二个三棱镜把七种单色光合成白光。他用白光分解实验宣告了光谱学的诞生。

牛顿在探索光色之谜的同时，还在探索引力之谜。1666年秋天的一个下午，牛顿长时间埋头工作以后有些疲倦，就到后院去散步。他信步走到苹果树下，坐在长凳上观赏田野秋色。他不由得又想起了引力之谜，思维翻腾起来。突然，一个苹果从树上掉了下来。熟了的苹果为什么会向下掉？地球在吸引它？对，是地球的吸引！苹果熟了向下掉，扔到空中的石头也要向下掉，都是因为地球在吸引它们。地面上的

东西都要受到地球的吸引。月亮所以会绕着地球转，也是因为地球在吸引着它。想着想着，牛顿的眼里闪出奇异的光芒，他长期以来想了又想的问题，终于找到了解决的线索。

24岁的牛顿发现了天地万物间都存在着引力，这种引力同距离的平方成反比，即所谓引力的平方反比定律。十多年以后，牛顿出色地证明了这个定律是完全正确的。

1684年，牛顿已经完成从开普勒定律到万有引力的论证，开始动手写作划时代的巨著《自然哲学的数学原理》。这部巨著从内容、结构到数学方法的选用方面都遇到极大的困难。牛顿以他非同寻常的才智，牺牲休息时间，放弃娱乐活动，夜以继日、如痴如狂地进行写作，终于大功告成。1686年4月完成第一篇，第二、三篇直到第二年春天才脱稿。全书于1687年仲夏出版，受到学术界的赞颂，很快销售一空。

牛顿在《原理》这部巨著里，不但从数学上论证了万有引力定律，而且把力学确立为完整、严密、系统的学科。他在概括和总结前人研究成果的基础上，通过自己的观察和实验，提出了

★ 牛顿发明了第一架反射望远镜

"运动三定律"。这三条定律和万有引力定律共同构成了宏伟壮丽的力学大厦的主要支柱。

牛顿一生的重要贡献是集16、17世纪科学先驱们成果的大成，建立起一个完整的力学理论体系，把天地间万物的运动规律概括在一个严密的统一理论中。这是人类认识自然的历史中第一次理论的大综合。以牛顿命名的力学是经典物理学和天文学的基础，也是现代工程力学以及与之有关的工程技术的理论基础。这一成就，使以牛顿为代表的机械论的自然观，在整个自然科学领域中取得了长达两百年的统治地位。

"蒸汽时代"的推动者——瓦特

詹姆斯·瓦特（1736～1819）是英国著名的发明家，是工业革命时期的重要人物。英国皇家学会会员和法兰西科学院外籍院士。

1736年，瓦特出生在英国苏格兰格拉斯哥市附近的一个小镇格里诺克，他的父亲是一个经验丰富的木匠，祖父和叔父都是机械工匠。少年时代的瓦特，由于家境贫苦和体弱多病，没有受过完整的正规教育。他曾经就读于格里诺克的文法学校，数学成绩特别优秀，但没有毕业就退学了。但是，他在父母的教导下，一直坚持自学，很早就对物理和数学产生了兴趣。瓦特从6岁开始学习几何学，到15岁时就学完了

※ 瓦特在改良蒸汽机

※ 瓦特

《物理学原理》等书籍。他常常自己动手修理和制作起重机、滑车和一些航海器械。

1753年，瓦特到格拉斯哥市当学徒工。由于收入过低不能维持生活，第二年他又到伦敦的一家仪表修理厂当学徒工。凭借着自己的勤奋好学，他很快学会了制造那些难度较高的仪器。但是繁重的劳动和艰苦的生活损害了他的健康，一年后，他不得不回家休养。一年的学徒生活使他饱尝辛酸，也使他练就了精湛的手艺，培养了他坚韧的个性。

1756年，当他的身体稍有好转，瓦特再次踏上了坎坷的道路来到格拉斯哥市。他想当一名修造仪器的工人，但是因为他的手艺没有满师，当时的行会不

允许。幸运的是，瓦特的才能引起了格拉斯哥大学教授台克的重视。在他的介绍下，瓦特进入格拉斯哥大学当了教学仪器的工人。这所学校拥有当时较为完善的仪器设备，这使瓦特在修理仪器时接触了先进的技术，开阔了眼界。这时，他对以蒸汽作动力的机械产生了浓厚的兴趣，开始收集有关资料，还为此学会了意大利文和德文。在大学里，他认识了化学家约瑟夫·布莱克和约翰·鲁宾逊等。瓦特从他们那里学到了很多科学理论知识。1764年，瓦特与表妹玛格丽特·米勒结婚。

1764年，学校请瓦特修理一台纽可门式蒸汽机。在修理的过程中，瓦特熟悉了蒸汽机的构造和原理，并且发现了这种蒸汽机的两大缺点：活塞动作不连续而且慢；蒸汽利用率低，浪费原料。以后，瓦特开始思考改进的办法。直到1765年的春天，在一次散步时，瓦特想到，既然纽可门蒸汽机的热效率低是蒸汽在缸内冷凝造成的，那么为什么不能让蒸汽在缸外冷凝呢？瓦特产生了采用分离冷凝器的最初设想。

从1766年开始，在3年多的时间里，

瓦特克服了在材料和工艺等各方面的困难，终于在1769年制出了第一台样机。同年，瓦特因发明冷凝器而获得他在革新纽可门蒸汽机的过程中的第一项专利。第一台带有冷凝器的蒸汽机虽然试制成功了，但它同纽可门蒸汽机相比，除了热效率有显著提高外，在作为动力机来带动其他工作机的性能方面仍未取得实质性进展。就是说，瓦特的这种蒸汽机还是无法作为真正的动力机。

由于瓦特的这种蒸汽机仍不够理想，因此销路并不广。当瓦特继续进行探索时，罗巴克本人已濒于破产，他又把瓦特介绍给了自己的朋友、工程师兼企业家博尔顿，瓦特自与博尔顿合作之后即在资金、设备、材料等方面得到大力支持。瓦特又生产了两台带分离冷凝器的蒸汽机。1781年底，瓦特以发明带有齿轮和拉杆的机械联动装置获得第二个专利。

1784年，瓦特以带有飞轮、齿轮联动装置和双向装置的高压蒸汽机的综合组装取得了他在革新纽可门蒸汽机过程中的第四项专利。

1785年，瓦特被当选为英国皇家学会会员。1814年，他被法国科学家学会接纳为外国会员。1790年以后，优厚的专利税使瓦特成为一个很有钱的名人。1819年8月5日，瓦特在希思菲尔德郡的家里去世，遗体埋葬在汉德沃尔斯郊区的教堂里。后人为了纪念这位伟大的发明家，把功率的单位定为"瓦特"。

瓦特——蒸汽机

电学先驱——富兰克林

本杰明·富兰克林（1706~1790）是18世纪美国的实业家、科学家、社会活动家、思想家和外交家。他是美国历史上第一位享有国际声誉的科学家、发明家和音乐家。为了对电进行探索曾经做过著名的"风筝实验"，在电学上成就显著；为了深入探讨电运动的规律，创造的许多专用名词如正电、负电、导电体、电池、充电、放电等成为世界通用的词汇。

1746年，一位英国学者在波士顿利用玻璃管和莱顿瓶表演了电学实验。富兰克林怀着极大的兴趣观看了他的表演，并被电学这一刚刚兴起的科学强烈地吸引住了。随后富兰克林开始了电学研究。富兰克林在家里做了大量实验，研究了两种电荷的性能，证明了电的来源和在物质中存在的现象。在18世纪以前，人们还不能正确地认识雷电到底是什么。当时人们普遍相信雷电是上帝发怒的说法。一些不信上帝的有识之士曾试图解释雷电的起因，但都未获成功，学术界比较流行的是认为雷电是"气体爆炸"的观点。在一次试验中，富兰克林的妻子丽德不小心碰到了莱顿瓶，一团电火闪过，丽德被击中倒地，面色惨白，足足在家躺了一个星期才恢复健康。这虽然是试验中的一起意外事件，但思维敏捷的富兰克林却由此而想到了空中的雷电。他经过反复思考，断定雷电也是一种放电现象，它和在实验室产生的电在本质上是一样的。

★ 富兰克林

于是，他写了一篇名叫《论天空闪电和我们的电气相同》的论文，并送给了英国皇家学会。

但富兰克林的伟大设想竟遭到了许多人的嘲笑，有人甚至嗤笑他是"想把上帝和雷电分家的狂人"。富兰克林决心用事实来证明一切。1752年6月的一天，阴云密布，电闪雷鸣，一场暴风雨就要来临了。富兰克林和他的儿子威廉一道，带着上面装有一个金属杆的风筝来到一个空旷地带。富兰克林高举起风筝，他的儿子则拉着风筝线飞跑。由于风大，风筝很快就被放上高空。刹那，雷电交加，大雨倾盆。富兰克林和他的儿子一道拉着风筝线，焦急地期待着，此时，刚好一道闪电从风筝上掠过，富兰克林用手靠近风筝上的铁丝，立即掠过一种恐怖的麻木感。他抑制不住内心的激动，大声呼喊："威廉，我被电击了！"随后，他又将风筝线上的电引入莱顿瓶中。回到家里以后，富兰克林用雷电进行了各种电学实验，证明了天上的雷电与人工摩擦产生的电具有完全相同的性质。富兰克林关于天上和人间的电是同一种东西的假说，在他自己的这次实验中得到了光辉的证实。风筝实验的成功使富兰克林在全世界科学界的名声大振。英国皇家学会给他送来了金质奖章，聘请他担任皇家学会的会员。他的科学著作也被译成了多种语言，他的电学研究取得了初步的胜利。然而，在荣誉和胜利面前，富兰林没有停止对电学的进一步研究。

1753年，俄国著名电学家利赫曼为了验证富兰克林的实验，不幸被雷击死，这是做电实验的第一个牺牲者。血的代价，使许多人对雷电试验产生了戒心和恐惧。但富兰克林在死亡的威胁面前没有退缩，经过多次试验，他制成了一根实用的避雷针。他把几米长的铁杆，用绝缘材料固定在屋顶，杆上紧拴着一根粗导线，一直通到地里。当雷电袭击房子的时候，它就沿着金属杆通过导线直达大地，房屋建筑完好无损。

1754年，避雷针开始应用，但有些人认为这是个不祥的东西，违反天意会带来旱灾，于是在夜里偷偷地把避雷针拆了。然而，科学终于将战胜愚昧。一场挟有雷电的狂风过后，大教堂着火了；而装有避雷针的高层房屋却平安无

● 富兰克林

* 电池

处的东西，也可看清远处的东西。他和剑桥大学的哈特莱共同利用醚的蒸发得到-25℃的低温，创造了蒸发致冷的理论。此外，他对气象、地质、声学及海洋航行等方面都有研究，并取得了不少成就。

事。事实教育了人们，使人们相信了科学。避雷针相继传到英国、德国、法国，最后普及世界各地。富兰克林对科学的贡献不仅在静电学方面，他的研究范围极其广泛。在数学方面，他创造了8次和16次幻方。这两种幻方性质特殊，变化复杂，至今尚为学者称道；在热学中，他改良了取暖的炉子，可以节省3/4燃料，被称为"富兰克林炉"；在光学方面，他发明了老年人用的双焦距眼镜，戴上这种眼镜既可以看清近

电学之父——法拉第

法拉第（1791～1867）英国物理学家、化学家。法拉第出身贫寒，自学成才，工作勤奋，热心科普工作，是实验大师。他在1831年发现的电磁感应现象，预告了发电机的诞生，开创了电气化的新时代。他毕生致力研究的科学理论——场的理论，引起了物理学的革命。

1791年9月22日，法拉第出生在萨里郡纽因顿一个贫苦的铁匠家庭里。法拉第5岁时随父母到了伦敦，在一所普通的日校读书；13岁时在书店中当学徒，起初送报，后学装订，工余时间自学化学和电学，并动手做实验，验证书上的内容。他在装订不列颠百科全书时，偶然看到了《电学》这个条目，更加激发了他对科学的热情。

1810年2月至1811年9月，法拉第听了塔特姆所作的十几次自然哲学讲演，并开始参加市

* 电学之父——法拉第

哲学学会的学习活动，受到了自然科学的基础教育。1812年2月至4月，又在皇家研究所听了戴维的4次化学讲座，每次他都细心笔录，清理成稿，而且热忱地抓住戴维的每个科学观点，转述给市哲学学会的同伴。这年10月法拉第学徒满师，写信给戴维，表示献身科学事业的决心，并随信附上自己记录、装订的《戴维爵士讲演录》。1813年3月，经戴维介绍，法拉第进皇家研究所任实验室助手。同年10月，法拉第随戴维去欧洲大陆作科学考察旅行。1815年5月法拉第回皇家研究所，在戴维指导下从事化学研究。戴维的广博和深邃的知识，给法拉第以最重要的影响。

1820年，奥斯特发现电流能使其周围的磁针偏转以后，引起研究电和磁的关系的热潮。法拉第研究了这方面的问题，并在1821年9月发现通电流的导线能绕磁铁旋转，这是他的第一个重要发现。

从1831年起，法拉第的科学工作进入一个新阶段。早在1824年，他就论证过，既然电对磁有作用，那么磁也应当对电有反作用。经过多次实验，他终于在1831年8月获得成功。他在一个圆形软铁环两边绕上A、B两组线圈，在A组线圈同伏打电池接通或切断的瞬间，B组线圈中会感生出电流，法拉第把这叫做"伏打电感应"。10月又发现，磁铁和导线的闭合回路有相对运动时，回路中会产生感生电流，法拉第称之为"磁电

感应"。伏打电感应孕育了变压器的诞生，磁电感应预告了发电机的出现。这两类电磁感应现象的发现为电在未来的大规模应用奠定了基础。这项工作获得了皇家学会的科普利奖章。

受电磁感应启示，法拉第直觉地揣测到磁铁周围是一个充满力线的场，感生电流的产生是由于导体切割力线。磁的作用是渐进的，是需要时间的，电（压）的感应也是以类似的渐进方式进行的。这是物理学史上第一次认真地向力的超距作用概念提出的挑战。

1833年法拉第任皇家研究所富勒化学讲座教授。1832年他发表了《不同来源的电的同一性》一文，用实验证明："不管电的来源如何，它的本性都是相同的。"1833～1834年，他发现了两条电解定律（后来称为法拉第第一和第二电解定律）。这是电化学的开创性工作，并且第二定律指明了电荷具有最小单位。1845年8月，法拉第研究电和磁对偏振光的影响，9月用过去研制的重玻璃做实验，发现原来没有旋光性的重玻璃

❋ 法拉第实验——静电平衡

世界名人故事

在强磁场的作用下产生旋光性，使偏振光的偏振面发生偏转。这是人类第一次认识到电磁现象和光现象之间的关系。磁致旋光效应后来称为法拉第效应。

由于法拉第工作过度劳累，中年开始健康受到损害，但仍坚持工作到晚年。他研究火焰和各种气体的磁性，研究晶体在磁场中所受的力。借助力线的概念，他对电磁感应现象进行定量研究，归纳出著名的法拉第电磁感应定

✹法拉第实验——静电屏蔽

律。法拉第晚年的研究工作仍然是为了证实他的一个坚定信念——自然界的各种力相互有关。

法拉第为人质朴，喜欢帮助亲友，不善交际、不图名利。为了专心从事科学研究，他放弃一切有丰厚报酬的商业性工作。英国政府拟封他为爵士，1857年皇家学会拟选他为会长，均被拒绝，因为他愿意永远是普通的法拉第。他1865年退休。1867年8月25日，在维多利亚女王赠给他的寓所中逝世。

生物进化论的奠基人——达尔文

查理士·达尔文于1809年2月12日诞生在英国的一个小城镇——希留布里。他的祖父是一位有名的自然科学家和医生，而且是早期提倡进化思想的先驱之一。达尔文的父亲也是一位医生。由于家庭环境的影响，达尔文从小就喜爱采集矿物、植物和昆虫标本，并且喜欢钓鱼和打猎。

达尔文从8岁到16岁在私立布特勒博士学校读书。在这期间，他的学习成绩很差，这是因为学校开设的课程枯燥无味、陈旧无用，他不感兴趣。达尔文努力学习自然科学知识。例如，他请叔父讲解温湿度计的原理；向一位私人教师学习几何学；他还特别喜欢做化学实验。通过多次的练习，他掌握了制造气体和其他一些化合物的方法。为此，他遭到了校长的公开责骂，说他把时间浪费在无用的玩艺上，是个"二流子"。他的父亲和教师认为他是一个"很平庸的孩子，远在普通智力以下。"他的父亲甚至责骂说："除了打猎、养狗、捉老鼠以外，你什么都不操心，

* 达尔文（1809～1882）

将来会丢自己的脸，也会丢全家人的脸！"可是，这些平凡的实践活动，正是他所受的教育中最有用的一部分，正是对一个自然科学家不可缺少的培养和训练。

1826年，达尔文按照父亲的意愿，进入爱丁堡大学学习医学，但达尔文无心学医，仍旧热衷于研究动物学和植物学。1828年，达尔文的父亲看他学医不成，决定送他到剑桥大学去学神学，将来好做一名牧师。在剑桥大学的3年时间里，达尔文把精力放在研究自然的工作上。对于那些神学课程，他只是在临考试时，随便应付一下。达尔文经常去听亨斯罗教授的植物学讲座和塞治威克教授的地质学讲演，亨斯罗教授也很乐意同善于细心观察并能独立思考问题的达尔文交朋友。达尔文曾随塞治威克教授进行了一次古岩层地层调查，这使他学会了如何发掘和鉴定化石，如何整理和

分析科学资料。22岁的达尔文虽然在剑桥大学神学系毕业了，但他并没有去做牧师。这时的达尔文，不仅具有较坚实的科学知识基础，而且具备了一定的独立工作和分析问题的能力，掌握了必要的野外工作方法。更重要的是，在当时生物进化论与物种不变论激烈斗争的影响下，达尔文立下了终生追求科学真理的宏大志愿。

大学毕业后，经亨斯罗教授的推荐，达尔文以自然科学家的身份搭上"贝格尔"号军舰进行环球航行考察，以便调查各地的资源。考察自1831年12月27日起，到1836年10月2日止，历时5年之久。出发时，达尔文还是一名"特创论"和"物种不变论"的忠实信徒，考察回来，达尔文却变成了一位生物进化论者了。达尔文在晚年回顾这一段经

* 环球航行考察时的达尔文

历时说："贝格尔舰的航行，在我一生中，是极其重要的一件事，它决定了我的整个事业。"

在旅行过程中，有三类事实使达尔文获得深刻的印象，促使他相信物种是可变的，是由其他物种进化而来的，而不是由上帝创造的。这三类事实是：

第一，南美洲的东海岸自北向南、西海岸自南向北的生物类型逐渐地更替，这使他对"特创论"产生怀疑，想到环境对生物类型的影响。

第二，达尔文在南美洲发现了一些古代动物骨胳的化石，其中有一种是古代贫齿目四足兽的化石，从它的结构上看，很接近南美洲的特有动物——犰狳。又如，有一种古代动物，它的身体有大象那么大，从牙齿上看，很像现代啮齿目的动物，从眼睛、耳朵和鼻孔的部位看，很像现代水生的哺乳动物——儒艮和海牛。这些现象使达尔文感到非常惊奇，并且产生了疑问：为什么现代的动物与古代动物十分相似，但又不完全相同呢？为什么现代一些动物的特点

集中在古代某一动物的身上呢？难道它们是由两个上帝创造出来的？也许拉马克的意见是对的，即现在的动物是从古代动物发展而来的。

第三，达尔文发现加拉帕戈斯群岛虽然与南美洲大陆相隔八九百公里，气候也大不相同，但该群岛的物种都是南美洲类型的。达尔文还发现，该群岛大多数物种与南美洲的物种是有区别的。通过进一步的研究，达尔文确定，同一物种在该群岛的各个岛上，都是略有差异的。所有这些现象，使达尔文想到物种可能是在不断地改变着。

达尔文回国后，虽然长期患病，但对研究工作一直坚持不懈。1842年，达尔文写出了35页长的进化理论的初稿，在以后的将近20年中，他不断地用丰富的事实论证他的理论，并把他的理论系统化。他预先想到并且驳斥了可能遇到的反驳。所以，他的理论问世时，各方面的论证都是很充实的。

1859年，达尔文出版了震动当时学术界的《物种起源》一书。随后，又陆

※ 达尔文进化论

续发表了《动物和植物在家养下的变异》、《人类起源及性的选择》等书，对人工选择作了系统的叙述，并提出性选择和人类起源的理论，进一步充实了生物进化学说的内容。

达尔文科学成就的获得，绝不是偶然的。它首先是时代的产物，同时，也是与他的治学精神分不开的。他追求真理，从事实出发，工作谨慎，态度谦虚，几十年如一日地勤勤恳恳地工作。正如达尔文在自传中所说："我所以能成为一个科学工作者，最重要的是：爱好科学——不厌深思——勤勉观察和收集资料——相当的发明能力和常识。"

微生物学的奠基人——巴斯德

巴斯德于1822年出生在法国东部的多尔镇。他在巴黎读大学，主修自然科学。他的天赋在学生时代并没有显露出来，他的一位教授把他的化学成绩评为"及格"。但是不久便证明了教授的裁判还为时过早，巴斯德在1847年获得博士学位，在他26岁的时候因对酒石酸的镜像同分异构体的研究而一跃跨人著名化学家的行列之中。

1854年9月，法国教育部委任巴斯德为里尔工学院院长兼化学系主任，在那里，他对酒精工业发生了兴趣，而制作酒精的一道重要工序就是发酵。当时里尔一家酒精制造工厂遇到技术问题，请求巴斯德帮助研究发酵过程，巴斯德深入工厂考察，把各种甜菜根汁和发酵中的液体带回实验室观察。经过多次实验，他发现，发酵液里有一种比酵母菌小得多的球状小体，它长大后就是酵母菌。

过了不久，在菌体上长出芽体，芽体长大后脱落，又成为新的球状小体，在这循环不断的过程中，甜菜根汁就"发酵"了。巴斯德继续研究，弄清发酵时所产生的酒精和二氧化碳气体都是酵母使糖分解得来的。这个过程即使在没有氧的条件下也能发生，他认为发酵就是酵母的无氧呼

生物科技之父巴斯德

吸并控制它们的生活条件，这是酿酒的关键环节。

巴斯德弄清了发酵的奥秘，从此开始，巴斯德终于成为一位伟大的微生物学家，成了微生物学的奠基人。

当时，法国的啤酒业在欧洲是很有名的，但啤酒常常会变酸，整桶的芳香可口啤酒变成了酸得让人咧嘴的黏液，只得倒掉，这使酒商叫苦不迭，有的甚至因此而破产。1865年，里尔一家酿酒厂厂主请求巴斯德帮助治治啤酒的病，看看能否加进一种化学药品来阻止啤酒变酸。

巴斯德答应研究这个问题，他在显微镜下观察，发现未变质的陈年葡萄酒和啤酒，其液体中有一种圆球状的酵母细胞，当葡萄酒和啤酒变酸后，酒液里有一根根细棍似的乳酸杆菌，就是这种"坏蛋"在营养丰富的啤酒里繁殖，使啤酒"生病"。他把封闭的酒瓶放在铁丝篮子里，泡在水里加热到不同的温度，试图即杀死了乳酸杆菌，而又不把

● 巴斯德在做生物实验

啤酒煮坏，经过反复多次的试验，他终于找到了一个简便有效的方法：只要把酒放在摄氏五六十度的环境里，保持半小时，就可杀死酒里的乳酸杆菌，这就是著名的"巴氏消毒法"，这个方法至今仍在使用，市场上出售的消毒牛奶就是用这种办法消毒的。

当时，啤酒厂厂主不相信巴斯德的这种办法，巴斯德不急不恼，他对一些样品加热，另一些不加热，告诉厂主耐心地待上几个月，结果呢，经过加热的样品打开后酒味纯正，而没有加热的已经酸了。

巴斯德成了法国传奇般的人物时，法国南部的养蚕业正面临一场危机，一种病疫造成蚕的大量死亡，使南方的丝绸工业遭到严重打击，人们又向巴斯德求援，巴斯德的老师杜马也鼓励他挑起这副担子。

"但是我从来没有和蚕打过交道啊！"巴斯德没有把握地说。

"这岂不是更妙吗？"老师杜马鼓励他说。

巴斯德想到法国每年因蚕病要损失1亿法郎时，他不再犹豫了，作为一名科学家，有责任拯救濒于毁灭的法国蚕业。巴斯德接受了农业部长的委派，于1865年只身前往法国南部的蚕业灾区阿莱。

蚕得的是一种神秘的怪病，让人看了心里非常不舒服，一只只病蚕常常抬着头，蚕身上长满棕黑的

斑点，就像粘了一身胡椒粉。多数人称这种病为"胡椒病"。得了病的蚕，有的孵化出来不久就死了，有的挣扎着活到第3龄、4龄后也挺不住了，最终难逃一死。极少数的蚕结成茧子，可钻出来的蚕蛾却残缺不全，它们的后代也是病蚕。当地的养蚕人想尽了一切办法，仍然治不好蚕病。

巴斯德用显微镜观察，发现一种很小的、椭圆形的棕色微粒，是它感染了丝蚕以及饲养丝蚕的桑叶，巴斯德强调所有被感染的蚕及污染了的食物必须毁掉，必须用健康的丝蚕从头做起。为了证明"胡椒病"的传染性，他把桑叶刷上这种致病的微粒，健康的蚕吃了，立刻染上病。他还指出，放在蚕架上面格子里的蚕的病原体，可通过落下的蚕粪传染给下面格子里的蚕。

巴斯德还发现蚕的另一种疾病——肠管病。造成这种蚕病的细菌寄生在蚕的肠管里，它使整条蚕发黑而死，尸体像气囊一样软，很容易腐烂。

巴斯德告诉人们消灭蚕病的方法很简单，通过检查淘汰病蛾，遏止病害的蔓延，不用病蛾的卵来孵蚕。这个办法挽救了法国的养蚕业。

巴斯德年过半百又开始潜心研究炭疽——一种侵袭牛和许多其他动物包括人在内的严重传染病。巴斯德证明有一种特殊的细菌是这种病的致病因素。但是远比这更为重要的是他发明一种弱株炭疽杆菌，用这种弱株给牛注射，会使这种病发作轻微，而无致命危险，并且还会使牛对此病的正常状况产生免疫力。巴斯德公开演示证明了他的方法会使牛产生免疫力，引起了巨大的轰动。人们很快就认识到他的一般方法可用于许多其他传染病的预防。

❀ 巴斯德的微生物实验

巴斯德本人在他那举世无双的著名成就基础之上发明了一种人体免疫法，此法使人接种后对可怕的狂犬病具有免疫能力。从那时起，其他科学家也发明了防治许多严重疾病如流行性斑疹伤寒和脊髓灰质炎的疫苗。

巴斯德是一位格外勤奋的科学工作者。在他的功劳簿上有许多仍有价值的小成果，他的实验，令人信服地证明了微生物并不是自然产生的。巴斯德还发现了厌氧生活现象，即某些微生物能在无空气或无氧的条件下生存。巴斯德于1895年在巴黎附近去世。

炸药大王——诺贝尔

世界名人故事

阿尔弗雷德·贝恩哈德·诺贝尔于1833年10月21日出生于瑞典首都斯德哥尔摩。诺贝尔的父亲倾心于化学研究，尤其喜欢研究炸药。受父亲的影响，诺贝尔从小就表现出顽强勇敢的性格。他经常和父亲一起去实验炸药，几乎是在轰隆轰隆的爆炸声中度过了童年。母亲是以发现淋巴管而闻名的瑞典博物学家鲁德贝克的后裔。诺贝尔从父亲那里学习了工程学基础，也像父亲一样具有发明才能。诺贝尔到了8岁才上学，但只读了一年书，这也是他所受过的唯一的正规学校教育。在他10岁的时候全家移民到俄国的圣彼得堡。

诺贝尔从小主要受家庭教师的教育。为了使他学到更多的东西，1850年，父亲让他出国考察学习。他先是到法国巴黎学习化学，一年后又赴美国在埃里克森的指导下工作了4年。几年的时间里，他先后去过德国、法国、意大利和美国。由于他善于观察、认真学习，知识迅速积累，很快成为一名精通多种语言的学者（能流利地说英、法、德、俄、瑞典等国家语言）和有着科学训练的科学家。返回圣彼得堡后，他在父亲的工厂里工作。在工厂的实践训练中，他考察了许多生产流程，不仅增添了许多的实用技术，还熟悉了工厂的生产和管理。在他这一直工作到1859年该工厂破产。

❋ 阿尔弗雷德·诺贝尔

重返瑞典以后，诺贝尔开始制造液体炸药硝化甘油。在这种炸药投产后不久的1864年，工厂发生爆炸，诺贝尔最小的弟弟埃米尔和另外4人被炸死。由于危险太大，瑞典政府禁止重建这座工厂，被认为是"科学疯子"的诺贝尔，只好在湖面的一只船上进行实验，寻求减小搬动硝化甘油时发生危险的方法。在一次偶然的机会他发现：硝化甘油可以被干燥的硅藻土所吸附，这种混合物可以安全运输。上述发现使他得以改进黄色炸药和必要的雷管。黄色炸药在英国（1867）和美国（1868）取得专利之后，诺贝尔继续实验并研制成一种威力更大的同一类型的炸药爆炸胶，于1876年取得专利。大约10年后，又研制出最早的硝化甘油无烟火药弹道炸药。

他曾要求弹道炸药的专利权要包括柯达炸药，但遭到法庭否决。诺贝尔在全世界都有炸药制造业的股份，加上他在俄国巴库油田的产

❋ 诺贝尔奖的金质奖章

权，所拥有的财富是巨大的，他因此而不得不在世界各地不停地奔波。诺贝尔本质上是一位和平主义者，希望他发明的破坏性炸药有助于消灭战争，但他对人类和国家的看法是悲观主义的。

诺贝尔对文学有长期的爱好，在青年时代曾用英文写过一些诗。后人还在他的遗稿中发现他写的一部小说的开端。诺贝尔一生未婚，没有子女，一生的大部分时间忍受着疾病的折磨。他生前有两句名言："我更关心生者的肚皮，而不是以纪念碑的形式对死者的缅怀"；"我看不出我应得到任何荣誉，我对此也没有兴趣"。1896年12月10日诺贝尔在意大利的桑利玛由于心脏病突然发作而逝世，终年63岁。

诺贝尔是世界科学史一位伟大的科学家，他不仅把自己的毕生精力全部贡献给

❋ 诺贝尔纪念铜像

了科学事业，在死神的威胁下进行不懈的科学探索，取得了包括炸药在内的数百项发明成果和专利，而且还在身后留下遗嘱，把自己的遗产全部捐献给科学事业，用以作为科学事业的奖金。他去世前于1895年立下遗嘱，将其财产920万美元作为基金，以其年息(每年20万美元)设立物理、化学、生理或医学、文学以及和平事业5种奖金，1969年瑞典国家银行又增设了经济学奖金，用于奖励当年在上述领域内作出最大贡献的学者。从1901年开始，奖金在每年诺贝尔逝世日12月10日颁发。今天，以他的名字命名的科学奖，已经成为举世瞩目的最高科学大奖。他的名字和人类在科学探索中取得的成就一道，永远地留在了人类社会发展的文明史册上。

飞机之父——莱特兄弟

威尔伯·莱特生于1867年4月16日，他的弟弟奥维尔·莱特生于1871年8月19日，他们从小就对机械装配和飞行怀有浓厚的兴趣，从事自行车修理和制造行业。莱特兄弟原以修理自行车为生，兄弟俩聪明好学，从1896年开始，他们就一直热心于飞行研究。通过多次研究和实验，他们很快得出一个结论：要解决飞机操纵这个悬而未决的关键问题，必须装上某种能使空气动力学发挥作用的机械装置。他们按照这一想法，在基蒂霍克沙丘上空对载人滑翔机进行了几度寒暑的试验之后，他们的梦想终于变成了现实。

奥托·李林塔尔试飞滑翔机成功的消息使他们立志飞行。1896年李林塔尔试飞失事，促使他们把注意力集中在了飞机的平衡操纵上面。他们特别研究了鸟的飞行，并深入钻研了当时几乎所有关于航空理论方面的书籍。这个时期，航空事业连连受挫，飞行技师皮尔机毁人亡，重机舱发明人马克沁试飞失败，航空学家兰利连飞机带人摔入水中等，这使大多数人认为飞机依靠自身动力的飞行完全不可能。

莱特兄弟却没有放弃自己的努力。从1900年至1902年期间，他们除了进行1000多次滑翔试飞之外，还自制了200多个不同的机翼进行了上千次风洞实验，修正了李林塔尔的一些错误的飞行数据，设计出了较大升力的机

科学家的故事
莱特兄弟

* 莱特兄弟

❀ 飞行试验

翼截面形状。滑翔机的留空时间毕竟有限，但假如给飞机加装动力并带上足够的燃料，那么它就可以自由地飞翔、起降。于是，兄弟俩又开始了动力飞机的研制。莱特兄弟废寝忘食地工作着，不久，他们便设计出一种性能优良的发动机和高效率的螺旋桨，然后成功地把各个部件组装成了世界上第一架动力飞机。他们在1903年制造出了第一架依靠自身动力进行载人飞行的飞机"飞行者"1号，这架飞机的翼展为13.2米，升降舵在前，方向舵在后，两副两叶推进螺旋桨由链条传动，着陆装置为滑橇式，装有一台70千克重，功率为8.8千瓦的四缸发动机。这架航空史上著名的飞机，现在陈列在美国华盛顿航空航天博物馆内。

"飞行者"1号是一驾普通双翼机，它的两个推进式螺旋桨分别安装在驾驶员位置的两侧，由单台发动机链式传动。1904年，莱特兄弟制造了装配有新型发动机的第二架"飞行者"，在代顿附近的霍夫曼草原进行试飞，最长的持续飞行时间超过了5分钟，飞行距离达4.4千米；1905年又试验了第三架"飞行者"，由威尔伯驾驶，持续飞行38分钟，飞行38.6千米。1903年12月

14日至17日，"飞行者"1号进行第4次试飞，地点在美国北卡罗来纳州小鹰镇基蒂霍克的一片沙丘上。第一次试飞由奥维尔·莱特驾驶，共飞行了36米，留空12秒。第四次由威尔伯·莱特驾驶，共飞行了260米，留空59秒。1906年，他们的飞机在美国获得专利发明权。

莱特兄弟飞行的成功，最初并没有得到美国政府和公众的重视与承认，直到1907年还为人们所怀疑；反而是法国于1908年首先给他们的成就以正确的评价，从此掀起了席卷世界的航空热潮。他们也因此终于在1909年获得美国国会荣誉奖。同年，他们创办了"莱特飞机公司"。威尔

❀ 莱特兄弟

伯·莱特于1912年5月29日逝世，年仅45岁。此后，奥维尔·莱特奋斗30年，使莱特飞机公司成为世界著名飞机制造商，资金高达百亿美元。奥维尔·莱特于1948年1月3日逝世。

最伟大的发明家——爱迪生

爱迪生（1847～1931）是举世闻名的美国电学家和发明家，被誉为"世界发明大王"。他除了在留声机、电灯、电话、电报、电影等方面的发明和贡献以外，在矿业、建筑业、化工等领域也有不少著名的创造和真知灼见。爱迪生一生共有约2000项创造发明，为人类的文明和进步作出了巨大的贡献。

小时候的爱迪生很爱发问，常常问一些奇怪的问题，家人也好，路上的行人也好，都是他发问的对象，如果他对于大人的答复感到不满意时就会亲自去实验，例如有一次爱迪生看到了鹅舍里的母鹅在孵蛋，他就问妈妈为什么母鹅总是成天坐在那里呢？妈妈就告诉他母鹅在孵蛋，爱迪生便想如果母鹅可以那我也一定可以，过了几天爸爸妈妈发现爱迪生一直蹲在木料房里，不知道在做什么，当家人发现爱迪生在孵蛋的时候每个人都捧腹大笑了起来。

8岁的时候爱迪生去上小学了，可是他只上了3个月的课就退学了，爱迪生在上课的时候，妈妈常被叫到学校去跟老师谈话，这是因为爱迪生常常提出一些老师认为很奇怪的问题，老师认为他是一个低能儿童。于是妈妈就决定自己来教导爱迪生，并决心把爱迪生教成一位伟大的天才，就这样爱迪生便开始了他的自学课程。爱迪生被妈妈教的很好，后来爱迪生也得到了允许，可以在地下室里设置一个实验室，为了不让别人乱动他的实验品，爱迪生还想出妙计，就是在每一个实验品的瓶子上贴上毒药标签。

1876年春天，爱迪生搬到了新泽西州的门罗公园。他在这里建造了第一所"发明工厂"，它标志着集体研究的开端。1877年，爱迪生改进了早期由贝尔

世界发明大王爱迪生

配电，这是一项重大的工艺成就。

爱迪生又企图为眼睛做出留声机为耳朵做出的事，电影摄影机即产生于此。使用一条乔治伊斯曼新发明的赛璐珞胶片，他拍下一系列照片，将它们迅速地、连续地放映到幕布上，产生出运动的幻觉。他第一次在实验室里试验电影是在1889年，1891年申请了专利。1903年，他的公司摄制了第一部故事片"列车抢劫"。爱迪生为电影业的组建和标准化做了大量工作。

1887年爱迪生把他的实验室迁往西奥兰治以后，为了将他的多种发明制成产品和推销，他创办了许多商业性公司。这些公司后来合并为爱迪生通用电气公司，后又称为通用电气公司。此后，他的兴趣又转到荧光学、矿石捣碎机、铁的磁离法、蓄电池和铁路信号装置上。第一次世界大战期间，他研制出

※ 爱迪生和他的发明工厂

发明的电话，并使之投入了实际使用。他还发明了他心爱的一个项目——留声机。电话和电报是扩展人类感官功能的一次革命；留声机是改变人们生活的三大发明之一，从发明的想象力来看，这是他极为重大的发明成就。到这个时候，人们都称他为"门罗公园的魔术师"。

爱迪生在发明留声机的同时，经历无数次失败后终于对电灯的研究取得了突破，1879年10月22日，爱迪生点燃了第一盏真正有广泛实用价值的电灯。为了延长灯丝的寿命，他又重新试验，大约试用了6000多种纤维材料，才找到了新的发光体——日本竹丝，可持续1000多小时，达到了耐用的目的。从某一方面来说，这一发明使爱迪生取得了一生中登峰造极的成就。接着，他又创造一种供电系统，使远处的灯具能从中心发电站

※ 爱迪生在实验室里小憩

鱼雷机械装置、喷火器和水底潜望镜。

1929年10月21日，在电灯发明50周年的时候，人们为爱迪生举行了盛大的庆祝会，德国的阿尔伯特·爱因斯坦和法国的居里夫人等著名科学家纷纷向他祝贺。不幸的是，就在这次庆祝大会上，当爱迪生致答辞的时候，由于过分激动，他突然昏厥过去。从此，他的身体每况愈下。1931年10月18日，这位为人类作过伟大贡献的科学家因病逝世，终年84岁。

爱迪生的文化程度极低，对人类的贡献却这么巨大，这里的"秘诀"是什么呢？他除了有一颗好奇的心，一种亲自试验的本能，就是他具有超乎常人的艰苦工作的无穷精力和果敢精神。当有人称爱迪生是个"天才"时，他却解释说："天才就是百分之一的灵感加上百分之九十九的汗水。"他把许多不同专业的人组织起来，里面有科学家、工程师、技术人员和工人共100多人，爱迪生的许多重大发明就是靠这个集体的力量才获得成功的。他的成就主要归功于他的勤奋和创造性才能以及集体的力量。

爱迪生一生只上过3个月的小学，

他的学问是靠母亲的教导和自修得来的。他的成功，还应该归功于母亲自小对他的谅解与耐心的教导，才使原

※ 爱迪生的书房

来被人认为是低能儿的爱迪生，长大后成为举世闻名的"发明大王"。

有人作过统计：爱迪生一生中的发明，在专利局正式登记的有1300种左右。1881年是他发明的最高纪录年。这一年，他申请立案的发明就有141种，平均每3天就有一种新发明。伟大发明家爱迪生的一生告诉我们：巨大的成就，出于艰巨的劳动。

※ 1872年爱迪生发明的电报机

最伟大的女科学家——居里夫人

居里夫人（1867～1934）法国籍波兰科学家，她与她的丈夫皮埃尔·居里都是放射性的早期研究者，他们发现了放射性元素钋和镭，并因此与法国物理学家贝克勒尔分享了1903年诺贝尔物理学奖。之后，居里夫人继续研究了镭在在化学和医学上的应用，并且因分离出纯的金属镭而又获得1911年诺贝尔化学奖。作为杰出科学家，居里夫人有一般科学家所没有的社会影响。尤其因为是成功女性的先驱，她的典范激励了很多人。很多人在儿童时代就听到关于她的故事。

玛丽·居里于1867年出生于波兰华沙，玛丽从小学习就非常勤奋刻苦，对学习有着强烈的兴趣和特殊的爱好，从不轻易放过任何学习的机会，处处表现出一种顽强的进取精神。从上小学开始，她每门功课都考第一。15岁时，她就以获得金奖章的优异成绩从中学毕业。

24岁时，她终于来到巴黎大学理学院学习。她带着强烈的求知欲望，全神贯注地听每一堂课，艰苦的学习使她身体变得越来越不好，但是她的学习成绩却一直名列前茅，这不仅使同学们羡慕，也使教授们惊异，入学两年后，她充满信心地参加了物理学学士学位考试，在30名应试者中，她考了第一名。

★最伟大的女科学家——居里夫人

第二年，她又以第二名的优异成绩，考取了数学学士学位。

1894年初，玛丽接受了法国国家实业促进委员会提出的关于各种钢铁的磁性科研项目。在完成这个科研项目的过程中，她结识了理化学校教师皮埃尔·居里，他是一位很有成就的青年科学家。用科学为人类造福的共同意愿使他们结合了。玛丽结婚后，人们都尊敬地称呼她居里夫人。1896年，居里夫人以第一名的成绩，完成了大学毕业生的任职考试。第二年，她又完成了关于各种钢铁的磁性研究。但是，她不满足已取得的成绩，决心考博士，并确定了自己的研究方

向。站到了一条新的起跑线上。

1897年，居里夫人选定了自己的研究课题——对放射性物质的研究。这个研究课题，把她带进了科学世界的新天地。她辛勤地开垦了一片处女地，最终完成了近代科学史上最重要的发现之一——发现了放射性元素镭，并奠定了现代放射化学的基础，为人类做出了伟大的贡献。

在实验研究中，居里夫人设计了一种测量仪器，不仅能测出某种物质是否存在射线，而且能测量出射线的强弱。她经过反复实验发现：铀射线的强度与物质中的含铀量成一定比例，而与铀存在的状态以及外界条件无关。

居里夫人对已知的化学元素和所有的化合物进行了全面的检查，获得了重要的发现：一种叫做钍的元素也能自动发出看不见的射线来，这说明元素能发出射线的现象决不仅仅是铀的特性，而是有些元素的共同特性。她把这种现象称为放射性，把有这种性质的元素叫做放射性元素。它们放出的射线就叫"放射线"。她还根据实验结果预料：含有铀和钍的矿物一定有放射性；不含铀和钍的矿物一定没有放射性。仪器检查完全验证了她的预测。她排除了那些不含放射

性元素的矿物，集中研究那些有放射性的矿物，并精确地测量元素的放射性强度。

在实验中，她发现一种沥青铀矿的放射性强度比预计的强度大得多，这说明实验的矿物中含有一种人们未知的新放射性元素，且这种元素的含量一定很少，因为这种矿物早已被许多化学家精确地分析过了。她果断地在实验报告中宣布了自己的发现，并努力要通过实验证实它。

在这关键的时刻，她的丈夫皮埃尔·居里也意识到了妻子的发现的重要

❋ 居里夫人的故居

世界名人故事

性，停下了自己关于结晶体的研究，来和她一道研究这种新元素。经过几个月的努力，他们从矿石中分离出了一种同铋混合在一起的物质，它的放射性强度远远超过铀，这就是后来被列在元素周期表上第84位的钋。几个月以后，他们又发现了另一种新元素，并把它取名为镭。

科学的道路从来就不平坦。钋和镭的发现，以及这些放射性新元素的特性，动摇了几世纪以来的一些基本理论和基本概念。科学家们历来都认为，各种元素的原子是物质存在的最小单元，原子是不可分割的、不可改变的。按照传统的观点是无法解释钋和镭这些放射性元素所发出的放射线的。因此，无论是物理学家，还是化学家，虽然对居里夫人的研究工作都感到有兴趣，但是心中都有疑问。

有志者事竟成！大自然的任何奥秘都会都会被那些向它顽强攻关的人们揭开。1902年年底，居里夫人提炼出了十分之一克极纯净的氯化镭，并准确地测定了它的原子量。从此镭的存在得到了证实。

20世纪20年代末期，居里夫人的健康状况开始走下坡路，长期受放射线的照射使她患上白血病，终于在1934年7月4日不治而亡。在此之前几个月，她的女儿依伦和女婿约里奥－居里(Joliot-Curie)宣布发现人工放射性（他们俩因此而荣获1935年诺贝尔化学奖）。

居里夫人一生创造、发展了放射科学，长期无畏地研究强烈放射性物质，直至最后把生命贡献给了这门科学。她一生中，共得过包括诺贝尔奖等在内的10种著名奖金，得到国际高级学术机构颁发的奖章16枚；世界各国政府和科研机构授予的各种头衔多达100多个。但是她一如既往地那样谦虚谨慎。伟大的科学家爱因斯坦评价说："在我认识的所有著名人物里面，居里夫人是唯一不为盛名所颠倒的人。"

世界名人故事

❋ 居里夫人在实验室

科学的旗手——爱因斯坦

1879年3月14日，阿尔伯特·爱因斯坦出生在德国西南的乌耳姆城，一年后随全家迁居慕尼黑。

爱因斯坦小时候并不活泼，3岁多还不会讲话，父母很担心他是哑巴，曾带他去给医生检查。还好小爱因斯坦不是哑巴，可是直到9岁时讲话还不很通畅，所讲的每一句话都必须经过吃力但认真的思考。

爱因斯坦在念小学和中学时，功课属平常。由于他举止缓慢，不爱同人交往，老师和同学都不喜欢他。教他希腊文和拉丁文的老师对他更是厌恶，曾经公开骂他："爱因斯坦，你长大后肯定不会成器。"而且因为怕他在课堂上会影响其他学生，竟想把他赶出校门。

爱因斯坦的叔叔雅各布在电器工厂里专门负责技术方面的事务，爱因斯坦的父亲则负责商业的往来。雅各布是一个工程师，非常喜爱数学，当小爱因斯坦来找他问问题时，他总是用很浅显通俗的语言把数学知识介绍给他。在叔父的影响下，爱因斯坦较早的受到了科学和哲学的启蒙。

＊ 阿尔伯特·爱因斯坦

1896年10月，爱因斯坦跨进了苏黎世工业大学的校门，在师范系学习数学和物理学。他对学校的注入式教育十分反感，认为它使人没有时间、也没有兴趣去思考其他问题。幸运的是，窒息科学思维发展的强制教育，在苏黎世的联邦工业大学要比其他大学少得多。爱因斯坦充分利用学校中的自由

＊ 爱因斯坦

空气，把精力集中在自己所热爱的学科上。在学校中，他广泛地阅读了赫尔姆霍兹、赫兹等物理学大师的著作，他最着迷的是麦克斯韦的电磁理论。他有自学本领、分析问题的习惯和独立思考的能力。

1905年6月，爱因斯坦完成了开创物理学新纪元的长论文《论运体的电动力学》，完整地提出了狭义相对论。这是爱因斯坦10年酝酿和探索的结果，它在很大程度上解决了19世纪末出现的古典物理学的危机，改变了牛顿力学的时空观念，揭露了物质和能量的相当性，创立了一个全新的物理学世界，是近代物理学领域最伟大的革命。

狭义相对论不但可以解释经典物理学所能解释的全部现象，还可以解释一些经典物理学所不能解释的物理现象，并且预言了不少新的效应。狭义相对论最重要的结论是质量守恒原理失去了独立性，他和能量守恒定律融合在一起，质量和能量是可以相互转化的。其他还有常讲到的钟慢尺缩、光速不变、光子的静止质量是零等等。而古典力学就成为了相对论力学在低速运动时的一种极限情况。这样，力学和电磁学也就在运动学的基础上统一起来。

1912年，爱因斯坦回到苏黎世母校工作。在他的同班同学、母校任数学教授的格罗斯曼帮助下，他在黎曼几何和张量分析中找到了建立广义相对论的数学工具。经过一年的奋力合作，他们于1913年发表了重要论文《广义相对论纲要和引力理论》。

1937年，在两个助手合作下，他从广义相对论的引力场方程推导出运动方程，进一步揭示了空间——时间、物质、运动之间的统一性，这是广义相对论的重大发展，也是爱因斯坦在科学创

● 在书房中的爱因斯坦

世界名人故事

造活动中所取得的最后一个重大成果。

　　爱因斯坦因为在科学上的成就，获得了许多奖状以及名誉博士的授予证书。如果一般人就会把这些东西高高挂起。可是爱因斯坦把以上的东西，包括诺贝尔奖奖状一起乱七八糟地放在一个箱子里，看也不看一眼。英费尔德说他有时觉得爱因斯坦可能连诺贝尔奖是什么意义都不知道。据说他在得奖的那一天，脸上和平日一样平静，没有显出特别高兴或兴奋。

　　少年时代的爱因斯坦在瑞士生活时，过的是穷学生的生活，他对物质生活要求不高，有一碟意大利面条加上一点酱他就感到很满意。成名后，成为教授以及后来为了躲避纳粹的迫害移民美国，他是有条件过很好的物质生活的，但是他仍过着像穷学生那样简朴无华的生活。

　　1955年4月18日，人类历史上最伟大的科学家，阿尔伯特·爱因斯坦因主动脉瘤破裂逝世于美国普林斯顿。爱因斯坦曾经说过："我自己不过是自然的一个极微小的部分。"他把一切献给了人类从自然界获得自由的征程，最后连自己的骨灰也回到了大自然的怀抱。但是正如英费尔德第一次与他接触时所感受到的那样："真正的伟大和真正的高尚总是并肩而行的。"爱因斯坦的伟大业绩和精神永远留给了人类。

世界名人故事

第四章

世界名人:文学家卷

Shijiemingren Wenxuejia Juan

当我们还在孩提的时代,安徒生的童话伴随着我们的童年;长大后,莎士比亚的戏剧、拜伦的诗篇、莫泊桑的小说等各种各样的文学著作使我们的精神世界得到充实。正是这些文学家们的辛苦耕耘,才使我们更加了解和热爱我们所生活的这个世界。

古希腊诗人——荷马

荷马，古希腊盲诗人，生平和生卒年月不可考。相传记述公元前12～公元前11世纪特洛伊战争及有关海上冒险故事的古希腊长篇叙事史诗《伊利亚特》和《奥德赛》，即是他根据民间流传的短歌综合编写而成。

古代作家如公元前5世纪的希罗多德，较晚的修昔底德，公元前4世纪的柏拉图和亚里士多德等，都肯定这两部史诗是荷马的作品。除此之外，还有许多已遗失的古代史诗，也曾有人说是他的作品，但那些大概是后人的

❋ 荷马

❋ 荷马

拟作。有一篇已经失传的讽刺诗和一篇现存的《蛙鼠之战》，据说也是荷马写的，但前者只有亚里士多德一个人的话作为根据，后者则已证明为公元前4世纪的一篇拟作。还有一些献给天神的颂歌，传说也出于荷马之手，实际上是古代吟诵史诗的职业乐师所用的引子，是较晚时代别的诗人写成的。

荷马史诗是《伊利亚特》与《奥德赛》的合称。荷马史诗被称为欧洲文学的始祖，是西方古代文艺技巧高度发展的结晶。3000多年来，许多学者

研究这两部史诗，单就研究结果印成的书，就可以自成一个小图书馆。荷马史诗写的是公元前12世纪希腊攻打特洛伊城以及战后的故事。史诗的形成和记录，几乎经历了奴隶制形成的全过程。特洛伊战争结束后，在小亚细亚一带就有许多歌颂战争英雄的短歌流传，这些短歌的流传过程中，又同神的故事融合在一起，增强了这次战争英雄人物的神话色彩。经过荷马的整理，至公元前8世纪和前7世纪，逐渐定型成为一部宏大的战争传说，在公元前6世纪的时候才正式以文字的形式记录下来。到公元前3世纪和公元前2世纪，又经亚里山大里亚学者编订，各部为24卷。这部书的形成经历了几个世纪，掺杂了各个时代的历史因素，可以看成是古代希腊人的全民性创作。

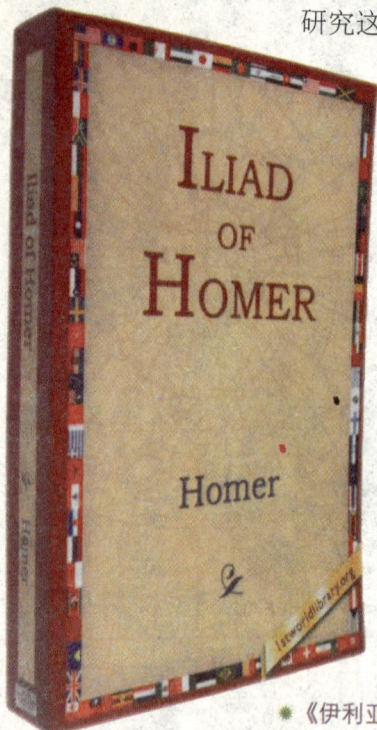
❋《伊利亚特》

新纪元的文学巨人——但丁

但丁（1265～1321），意大利诗人，现代意大利语的奠基者，欧洲文艺复兴时代的开拓人物之一，以长诗《神曲》留名后世。他是中世纪的最后一位诗人，同时又是新时代的最初一位诗人。

但丁早年曾师从著名学者布鲁内托·拉蒂尼，系统学习拉丁文、修辞学、诗学和古典文学，对罗马大诗人维吉尔推崇备至。在绘画、音乐领域，但丁也造诣不凡。此外，但丁精心研究神学和哲学，古代教父圣·奥古斯丁的思想对他影响尤深。

但丁生活的时代，欧洲社会发展相对缓慢、工商业极不发达、基督教完全垄断意识形态。13世纪时，意大利北部的热那亚、威尼斯、佛罗伦萨、米兰等地，由

❋ 佛罗伦萨市的但丁雕像

于海上贸易和工商业的蓬勃发展，成为欧洲最富庶的地区。

但丁出身佛罗伦萨一个城市贵族之家，当时佛罗伦萨政界分为两派，一派是效忠神圣罗马帝国皇帝的齐伯林派，另一派是效忠教皇的盖尔非派。1266年后，由于教皇势力强盛，盖尔非派取得胜利，将齐伯林派放逐。盖尔非派掌权后1294年当选的教皇卜尼法斯八世想控制佛罗伦萨，一部分富裕市民希望城市的独立，不愿意受制于教皇，分化成"白党"，另一部分没落户，希望借助教皇的势力翻身，成为"黑党"。两派重新争斗，但丁的家族原来属于盖尔非派，但丁热烈主张独立自由，因此成为白党的中坚，并被选为最高权利机关执行委员会的6位委员之一。

1301年教皇特派法国国王的兄弟卡罗去佛罗伦萨"调节和平"，白党怀疑此行另有目的，派出以但丁为团长的代表团去说服教皇收回成命，但没有结果，果然卡罗到佛罗伦萨后立即组织黑党屠杀反对派，控制佛罗伦萨，并宣布放逐但丁，一旦他回城，任何佛罗伦萨士兵都可以处决烧死他，从此但丁再也没有能回到家乡。

1308年，卢森堡的亨利七世当选为神圣罗马帝国皇帝，准备入侵佛罗伦萨，但丁给他写信，指点需要进攻的地点，因此白党也开始痛恨但丁。1313年亨利去世，但丁的希望落空。

1315年，佛罗伦萨被军人掌权，宣布如果但丁肯付罚金，并于头上撒灰，颈下挂刀，游街一周就可免罪返国。但丁回信说："这种方法不是我返国的路！要是损害了我但丁的名誉，那么我决不再踏上佛罗伦萨的土地！难道我在别处就不能享受日月星辰的光明吗？难道我不向佛罗伦萨市民卑躬屈膝，我就不能接触宝贵的真理吗？可以确定的是，我不愁没有面包吃！"

但丁在被放逐时，曾在几个意大利城市居住，有的记载他曾去过巴黎，他以著作排遣其乡愁，并将一生中的恩人仇人都写入他的名作《神曲》中。在书中：他对教皇揶揄嘲笑，将自己一生单

❋但丁《神曲》版画

相思的恋人，一个25岁就去世的叫贝亚德的美女，安排到天堂的最高境界。

但丁于1321年，在意大利东北部腊万纳去世。

但丁的作品基本上是以意大利托斯卡纳方言写作的，对形成现代意大利语言以托斯卡纳方言为基础起了相当大的作用，因为除了拉丁语作品外，古代意大利作品只有但丁是最早使用这种语言写作，他的作品对意大利文学语言的形成起了相当大作用，所以也对文艺复兴运动起了先行者的作用。

❀佛罗伦萨市但丁纪念馆

最伟大的戏剧天才——莎士比亚

莎士比亚（1564～1616）是英国最伟大的戏剧天才、诗人。1564年4月23日，他出生在英国中部埃文河上的斯特拉特福镇一个富裕的市民家庭。早期他在剧院打过杂，当过演员，随剧团到各地巡回演出，扮演过剧中的配角，后来做了编剧。开始他是与人合作改变旧剧本，不久便开始了独立的艺术创作，最后成为伦敦"寰球剧院"的股东。1616年5月3日，他在家乡去世。莎士比亚死后7年，才由戏剧界的朋友搜集他的遗作，出版了第一部莎士比亚戏剧集。莎士比亚一生著作丰富，流存至今的共有37部戏剧、2部长篇叙事诗和154首十四行诗，还有些杂诗。

莎士比亚的创作可分为3个阶段。第一阶段主要是历史剧、喜剧和诗歌，如《亨

❀威廉·莎士比亚

● 莎士比亚故居

利四世》、《威尼斯商人》等。作品处处洋溢着朝气勃勃的乐观情绪，表现出人文主义思想，既使是悲剧也在内容和艺术风格上带有喜剧特征。第二阶段作家开始意识到社会矛盾与尖锐，思想转为沉郁深邃，写下了著名的《哈姆雷特》、《奥赛罗》、《李尔王》和《麦克白》四大悲剧以及一系列大的悲剧，富有更深刻的现实意义。第三阶段是创作神话剧阶段，这一阶段的创作充满传奇和极具烂漫色彩的幻想，代表作是《暴风雨》。

在莎士比亚所有剧作中，《哈姆雷特》被公认是最杰出的。《哈》剧题材取自丹麦王子为父报仇的古老传说。年轻的丹麦王子哈姆雷特从德国回到丹麦，得知叔父克劳狄斯杀害了父亲，做了国王，还霸占了自己的母亲。哈姆雷特为父复仇的愿望渐渐地变为一种伟大的社会责任心：应当改变这个不仁不义、谎言和伪善猖

獗、谄媚者和阴谋家充斥宫廷的世界。但最终他却被自己情人的哥哥用毒剑刺死，王后和克劳狄斯也同归于尽。王子临死时，要求把一切真相"昭告后人"。哈姆雷特是表现个人与社会冲突、理想与现实矛盾的杰出的艺术典型。哈姆雷特的形象，对后世300多年来欧洲作家塑造个人反抗社会的典型人物产生了深远影响。

莎士比亚的戏剧结构严谨，情节丰富绚丽，人物塑造个性化和多面性结合紧密，性格鲜明、丰满。莎士比亚的戏剧语汇极为丰富，据说用词达到17000个。他善于把文学语言和民间语言巧妙地结合在一起，显得特别生动而精炼。他第一个打破了悲剧与喜剧的界限，"使崇高和卑贱、恐怖和滑稽、豪迈和诙谐离奇古怪地混合在一起"。他又是一位能充分表现人性的伟大作家，他通过笔下的人物不断地向我们提出生活中那些最根本的问题，人们总是能从他的

● 莎士比亚雕像

世界名人故事

剧作中找到与自己相通的东西。这一切正是莎士比亚作品具有永恒魅力的原因所在。

19世纪，莎士比亚的名字已经传到中国，并有莎士比亚的故事出版。1919年五四运动以后，莎士比亚的戏剧用白话文和剧本的形式陆续翻译介绍过来。其中有田汉译的《哈姆雷特》、《罗密欧与朱丽叶》，有曹未风译的11种剧本，有朱生豪译的31种剧本等。1949年以后出现了许多新译本，特别是莎士比亚诞生400周年时出版了朱生豪的11卷《莎士比亚戏剧集》。1978年又重新修订、补译齐全，定名为《莎士比亚全集》。自五四运动以来，在出版莎士比亚剧本的同时，戏剧界也把莎士比亚戏剧搬上了中国舞台。

英国浪漫主义诗人——拜伦

乔治·戈登·拜伦（1788～1824），是英国浪漫主义文学的杰出代表。1788年1月22日出生于伦敦，父母皆出自没落贵族家庭。他天生跛一足，并对此非常敏感。

10岁时，拜伦家族的世袭爵位及产业（纽斯泰德寺院及其府邸）落到他身上，成为拜伦第六世勋爵。哈罗公学毕业后，1805年～1808年在剑桥大学学文学及历史，他是个不刻苦的学生，很少听课，却广泛阅读了欧洲和英国的文学、哲学和历史著作，同时也从事射击、赌博、饮酒、打猎、游泳、拳击等各种活动。1809年3月，他作为世袭贵族进入了贵族院，他出席议院和发言的次数不多，但这些发言都鲜明地表示了拜伦的自由主义的进步立场。剑桥大学毕业后，曾任上议院议员。

● 拜伦

拜伦学生时代即深受启蒙思想影响。1809年～1811年游历西班牙、希腊、土耳其等国，受各国人民反侵略、反压迫斗争鼓舞，创作《恰尔德·哈罗德游记》。其代表作品有《恰尔德·哈罗德游记》、《唐璜》等。在他的诗歌里塑造了一批"拜伦式英雄"。他们孤傲、狂热、浪漫，却充满了反抗精神。他们内心充满了孤独与苦闷，却又蔑视群小。恰尔德·哈罗德是拜伦诗歌中第一个"拜伦式英雄"。拜伦诗中最具有代表性、战斗性，也是最辉煌的作品是他的长诗《唐璜》，诗中描绘了西班牙贵族子弟唐璜的游历、恋爱及冒险等浪漫故事，揭露了社会中黑暗、丑恶、虚伪的一面，奏响了为自由、幸福和解放而斗争的战歌。拜伦不仅是一位伟大的诗人，还是一个为理想战斗一生的勇士；他积极而勇敢地投身革命，参加了希腊民族解放运动，并成为领导人之一。

1809年～1811年，拜伦出国到东方旅行，是为了要"看看人类，而不是只在书本上读到他们"，还为了扫除"一个岛民怀着狭隘的偏见守在家门的有害后果"。在旅途中，他开始写作《恰尔德·哈洛尔德游记》和其他诗篇，并在心中酝酿未来的东方故事诗。

《恰尔德·哈洛尔德游记》的第一、二章在1812年2月问世，轰动了文坛，使拜伦一跃成为伦敦社交界的明星。然而这并没有使他和英国的贵族资产阶级妥协。他自早年就认识到这个社会及其统治阶级的顽固、虚伪、邪恶及偏见，他的诗一直是对这一切的抗议。

1811年～1816年，拜伦一直生活在不断的感情旋涡中。在他到处受欢迎的社交生活中，逢场作戏的爱情俯拾即是，一个年轻的贵族诗人的风流韵事自然更为人津津乐道。拜伦在1813年向一位安娜·密尔班克小姐求婚，于1815年1月和她结了婚。这是拜伦一生中所铸的最大的错误。拜伦夫人是一个见解褊狭的、深为其阶级的伪善所囿的人，完全不能理解拜伦的

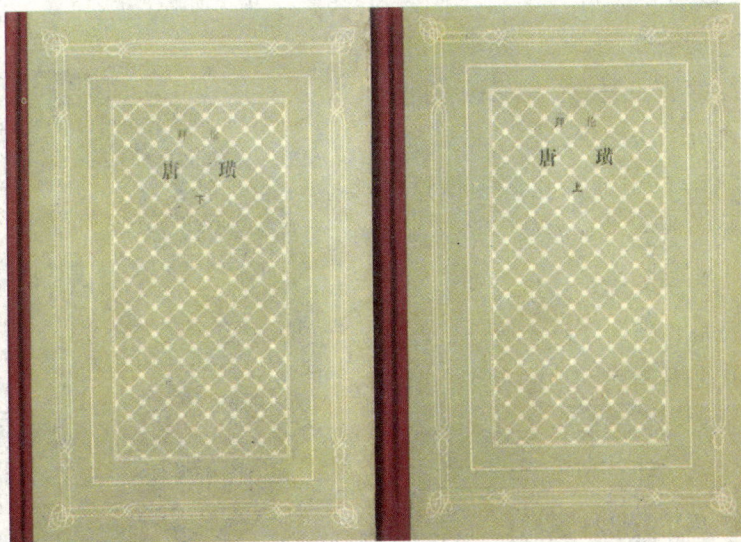

*《唐璜》

世界名人故事

事业和观点。婚后一年，便带着初生一个多月的女儿回到自己家中，拒绝与拜伦同居，从而使流言纷起。以此为口实，英国统治阶级对它的叛逆者拜伦进行了最疯狂的报复，以图毁灭这个胆敢在政治上与它为敌的诗人。这时期的痛苦感受，也使他写出像《普罗米修斯》那样的诗，表示向他的压迫者反抗到底的决心。

世界文学泰斗——歌德

歌德（1749～1832）出生于德国的法兰克福市，家境富裕，从小受文学熏陶，然而兴趣却是多方面的。他除了有诗歌、戏剧和小说等创作外，还是一位科学家，在解剖学和植物学方面都有一定的成就，但他的主要精力还是放在写作上。

24岁时，歌德因公去维兹拉，在出席一次舞会的途中，偶然认识了一个叫夏绿蒂的少女，一见钟情。夏绿蒂是歌德的朋友凯士特南的未婚妻，时年15岁，而凯士特南却31岁。歌德对夏绿蒂十分倾倒，便不顾一切地向她表白了爱情。这使夏绿蒂惊惶失措，她把歌德的表白告诉了未婚夫，凯士特南对此表现得无所谓。歌德知道这个情况，感到十分震惊，为了自己，也为了夏绿蒂，他立即逃回法兰克福，斩断了这不合适的情丝。几个月以后，他的另一个朋友叶尔查林，因为爱上别人的妻子，受不了社会舆论的指责自杀了。歌德知道这件事后，感触很深，使用叶尔查林作原型写了小说

＊歌德

《少年维特之烦恼》。

《少年维持之烦恼》写一个反对封建习俗，憎恶官僚贵族，跟鄙俗的社会现实格格不入，在爱

＊歌德

情上更遭封建势力摧残打击的少年维特愤而自杀的浪漫故事。因反映了一代青年反封建的心声，受到群众热烈的欢迎。这部小说的问世，轰动了文坛，他也因此名闻欧洲的文学界。

1775年11月，歌德应魏玛公国奥古斯特公爵的邀请来到魏玛，担任国务参议员等许多职务。1782年获得贵族身份。他的职责有领导矿山开发、管理交通、领导军事、负责水利和掌管财政等，此外还要参加各种文艺活动。繁忙的公务，浮华的宫廷应酬和爱情的挫折，使他无法得到创作所需要的安静和时间。歌德为了摆脱使他感到厌倦和苦闷的宫廷生活，于1786年9月3日改名换姓，悄然去意大利旅行。意大利明媚的风光和完美的希腊罗马古典艺术使他陶醉。这期间他把《伊菲格涅亚在陶里

❋ 歌德雕像

斯》散文稿改为诗体，完成了悲剧《埃格蒙特》。

《浮士德》是歌德的一部代表作，他写这部巨著，前后用了60年之久。《浮士德》的第一部完成于1808年法军入侵的时候，第二部则完成于1831年8月31日，是时他已83岁高龄。这部不朽的诗剧。以德国民间传说为题材，以文艺复兴以来的德国和欧洲社会为背景，写一个新兴资产阶级先进知识分子不满现实，竭力探索人生意义和社会理想的生活道路。

歌德于1832年3月22日逝世，他对世界文学宝库的巨大贡献，使他成为世界文化名人，每年逢他的生日，各国文艺界都举行纪念活动。

❋ 歌德故居

世界名人故事

批判现实主义大师——巴尔扎克

巴尔扎克（1799～1850）生于法国中部的图尔城。巴尔扎克虽然是长子，但很少得到家庭的温暖，出生不久便被送到图尔近郊，由一个宪兵的妻子抚养，几乎被家人遗忘。稍大一些他便被送到旺多姆教会学校寄读，过着极其严格的幽禁生活，学习的制度古板而严肃，教师冷漠而残酷，回到家以后得不到父母的宠爱，有的是接连不断的白眼和呵斥。

巴尔扎克小时候成绩不好，在一次只有35名学生参加的会考中，竟名列第32，因此父母和教师都没有对巴尔扎克抱什么希望，更不要说发现他的文学才能。

*巴尔扎克

巴尔扎克决意到书籍的王国里去寻找他的乐趣。他说："只有读书才能维持我的头脑活着。"1813年巴尔扎克带着狂欢后的倦怠离开这所学校，于1814年随父母迁往巴黎。在巴黎，巴尔扎克以超人的忍耐力想尽一切办法完成了学业，并顺利进入大学学习法律。在校期间，他去律师事务所当文书。这使他认识到巴黎是可怕的魔窟，了解到很多为法律治不了的万恶之事，也看到了资本主义法律的虚伪，为他日后的创作提供了最好的素材。

在巴黎的圣安东郊区，莱特居耶尔街9号五层楼的一间阁楼是巴尔扎克献身文学的起点。1820年《克伦威尔》创作的失败，使他的生计受到了影响，父母也向他发出最后的通牒。为了生存，他决定与"魔鬼"订立契

*巴尔扎克青铜像

诞生。他的创作进入了一个全新的时期。这是他以现实主义的手法写作的第一部成功作品。作品无论从结构、表现技巧以及军事细节方面都显示出伟大小说家的才华，为巴尔扎克向现实主义道路的发展奠定了坚实的基础。

此后，1830年到1832年，作为文坛新秀，他接连创作了17部中短篇小说，显示出惊人的创作速度与才华。以后的岁月，佳作迭出，《高老头》、《欧也妮·葛郎台》以及《幻灭》相继发表。巴尔扎克在他书房中布置了一座拿破仑的小像，并写下了激励自己一生的座右铭："我要用笔完成他用剑所未能完成的事业。"为使自己成为文学事业上的拿破仑，在19世纪30至40年代以惊人的毅力创作了大量作品，写出了91部小说，合称《人间喜剧》。以其对现实观察之仔细，对社会本质揭露之深刻，塑造人物形象之生动，艺术手法之高超，使巴尔扎克无可争议地列入世界文学史一流作家之林。

❋ 巴尔扎克的《人间喜剧》

约，"卖文"为生，发表了许多"日常消费"的浪漫小说，这些小说光怪陆离，杂乱无章，粗制滥造，平庸无奇，在发表时用了笔名。

1825年他又异想天开，与一位出版商合作，出版古典作品，谋求利益，结果欠债达万余法郎。为了还债，相继经营印刷厂、铸字厂，结果是债台高筑，沉重的债务令他年轻的梦幻成为永远，但是商人丢失的无非是钱财，作为文学家，获得了无比丰厚的创作素材。巴尔扎克在生活中跌跌撞撞地前行，但也就在这碰撞中认识了生活，而且比别人认识得更深刻。

1829年3月《朱安党人》的问世，标志着一个伟大的文学家的

❋ 巴金在巴尔扎克墓前

浪漫主义的领袖——雨果

维克多·雨果（1802～1885），法国文学史上卓越的资产阶级民主作家，19世纪前期法国浪漫主义学运动的领袖。他的一生几乎跨越整个19世纪，他的文学生涯达60年之久，他的创作力经久不衰。他的浪漫主义小说精彩动人，雄浑有力，对读者具有永久的魅力。

雨果1802年2月26日出生于法国东部风景秀丽的贝桑松，并在那里度过了他的幼年时代。他的祖父是木匠，父亲是共和国军队的军官，曾被拿破仑的哥哥西班牙国王约瑟夫·波拿巴授予将军衔，是这位国王的亲信重臣。雨果天资聪慧，9岁就开始写诗，10岁回巴黎上学，中学毕业入法学院学习，但他的兴趣在于写作，15岁时在法兰西学院写的《读书乐》受到法兰西学院的奖励，17岁在"百花诗赛"得第一名，20岁出版诗集《颂诗集》，因歌颂波旁王朝复辟，获路易十八赏赐，以后写了大量异国情调的诗歌。后来他对波旁王朝和七月王朝都感到失望，成为共和主义者。他还写过许多诗剧和剧本，写有大量具有鲜明特色并贯彻其主张的小说。

1827年，雨果发表剧本《克伦威尔》及其序言。剧本虽未能演出，但那篇序言却被认为是法国浪漫主义的宣言，成为文学史上划时代的文献，对法国浪漫主义文学的发展起了很大的推动作用。

1830年，雨果的剧本《欧那尼》在法兰西院大剧院上演，产生了巨大的影响，确立了浪漫主义在法国文坛的主导地位。《欧那尼》写的是16世纪西班牙一个贵族出身的强盗欧那尼反抗国王的故事，雨果赞美了强盗的侠义和高尚，表现了强烈的反封建倾向。

1830年7月，法国发生了"七月革命"，封建复辟王朝被推翻，雨果热情赞扬革命，歌颂那些革命者，写诗哀悼那些在巷战中牺牲的英雄。

1831年发表的《巴黎圣母院》是雨果最富有浪漫主义色彩的小说。小说的情节曲折离奇，紧张生动，变幻莫测，富有戏剧性和传奇色彩，表现了雨果对封建政府和教会的强烈憎恨，同时也反映了他对下层人民的深切同情。

"七月革命"之后，法国建立了以金

*维克多·雨果

❋ 法国巴黎的雨果雕像

融家路易·菲力浦为首的大资产阶级统治的"七月王朝"。七月王朝不断对雨果进行拉拢，1841年雨果被选入法兰西学士院，1845年，路易·菲力浦封他为法兰西贵族世卿，还当上了贵族院议员。雨果创作中的斗争热情减弱了，1843年，他写了一个神秘主义剧本《卫戍官》，上演时被观众喝了倒彩。雨果为此沉默了将近10年没有写作。

1848年6月，巴黎人民举行革命，推翻了七月王朝，成立了共和国。开始雨果对革命并不理解，但当大资产阶级阴谋消灭共和国时，雨果却成了一个坚定的共和主义者。1851年12月，

路易·波拿巴发动政变，雨果参加了共和党人组织的反政变起义。路易·波拿巴上台后建立了法兰西第二帝国，实行恐怖政策，对反抗者无情镇压。雨果也遭到迫害，不得不流亡国外。

流亡期间，雨果一直坚持对拿破仑三世的斗争，他写政治讽刺小册子和政治讽刺诗，猛烈抨击拿破仑三世的独裁统治。这时期，他先后发表了长篇小说《悲惨世界》、《海上劳工》和《笑面人》。

1870年普法战争爆发，法国在色当兵败之后，普鲁士军队直逼巴黎。在这国家危亡的紧要关头，雨果在流亡了19年之后回到了祖国。他到处发表演讲，号召法国人民起来抗击德国侵略者，保卫祖国。他还用他的著作和朗诵诗歌得来的报酬买了2门大炮，表现了崇高的爱国精神。

巴黎公社起义时，雨果并不理解这次革命。但当公社失败后，反动政府疯狂镇压公社社员时，雨果又愤怒谴责反动派的兽行，他呼吁赦免全部公社社员，并在报纸上宣布将自己在比利时首都布鲁塞尔的住宅提供给流亡的社员作避难所。为此，他的家遭到反动暴徒的袭击，他自己险些丧命，但他仍

❋ 雨果故居

然坚持自己的立场。

1885年，雨果逝世。法国人民为这位伟大的作家举行了国葬。他的遗体被安葬在专门安葬伟人的先贤祠。

世界短篇小说巨匠——莫泊桑

莫泊桑，全名居伊德·莫泊桑（1850～1893），19世纪后半期法国优秀的批判现实主义作家，曾拜法国著名作家福楼拜为师。莫泊桑创作了作品《羊脂球》、《一家人》、《我的叔叔于勒》、《米隆老爹》、《两个朋友》、《项链》、《西蒙的爸爸》、《珠宝》、《小步舞》及《珍珠小姐》等在内的一大批脍炙人口、思想性和艺术性完美结合的短篇佳作。

1850年8月5日，莫泊桑生于法国西北部诺曼底省的一个没落贵族家庭。母亲出身并非名门望族，而是出生在殷实的资产阶级家庭，她聪慧绝伦、温文尔雅，通晓四、五种外语，酷爱文学艺术，与福楼拜是莫逆之交。莫泊桑出生不久，父母因感情不和而分居，莫泊桑跟随母亲，在母亲身边度过了幸福的童年。10岁时，莫泊桑就开始听母亲为他朗读莎翁的作品。莫泊桑不少短篇都是母亲为他提供的题材，即便在他成名以后，母亲仍是他忠实的读者和直言不讳的批评者。

莫泊桑的父亲偷香窃玉、穷奢极侈，侵吞母亲的财产，以致造成父母间关系的最后决裂。这就是莫泊桑日后写了大量以父母离异而造成家庭悲剧为题材的短篇小说的原因。

13岁时，母亲将他送进一所教会学校。但没多久便因为写了一首爱情小诗，使学校当局认为他无心向学、桀骜不驯而将他除名。当年莫泊桑进入

* 莫泊桑

鲁昂的高乃依中学，他的文学修养在此期间得到了长足的进步。著名诗人和戏剧家路易·布耶成了他的导师，布耶欣赏他的一首诗歌："人的生命有如船在海上驶过的水痕，慢慢儿远、慢慢儿淡。"另一位严师则是福楼拜。福楼拜着力培养莫泊桑力透纸背的文笔，洞察事理的眼力以及遣词造句的能力。这位大师告诫他："不论一个作家要描写的东西是什么，只有一个词可供他使用，用一个动词要使对象生动，一个形容词要使对象的性质鲜明。因此就得去寻找，直到找到了这个词，这个动词和形容词，而决不要满足于差不多。"这两位严师把莫泊桑的学徒之作统统当做废纸，禁止他发表。中学毕

业前，布耶过世，莫泊桑与福楼拜相处默契，成了忘年交。1869年莫泊桑通过中学会考进入巴黎大学法学院攻读法律。这一时期莫泊桑查阅了形形色色的案例，这些案例也为他的文学创作提供了大量素材。

可惜不到一年时间，普法战争爆发，莫泊桑受爱国主义感染，手持猎枪深入密林展开游击活动。时间虽短，但是留给他的印象深刻。此后，他创作了大量以普法战争为题材的作品。在他一系列描写普法战争的小说中，充分地反映了资产阶级的软弱无能，占领军无耻的荒唐行为以及一些"残忍"的农民的英雄壮举。他认为这一切都可以归结到一个滑稽可笑的世界恐怖上去。

从1872年起，莫泊桑定居巴黎，为了谋生，先后在海军部和教育部任职，长达数10年。这些经历使他对小职员的生活状况和精神境界有了深刻的认识，成为他日后创作的重要主题。

1874年，莫泊桑在巴黎福楼拜的寓所结识了左拉。后来又通过福楼拜的介绍结识了屠格涅夫。屠格涅夫曾替莫泊桑审读手稿，并鼓励他阅读俄国作家的名著。

1875年，25岁的莫泊桑首次发表小说《人手模型》，杀人犯的手做成的模型竟复活了，而且又图谋不轨，最后"断手再植"方才平静下来。这篇小说受到福楼拜的批评，告诫莫泊桑不要向壁虚造，而要立足于生活。

1876年左拉、莫泊桑、阿莱克西等人成立了自然主义文学集团，文学史称其为梅塘集团。莫泊桑倡议每人以普法战争为题材写一篇小说，1880年结集出版，是为《梅塘之夜》。

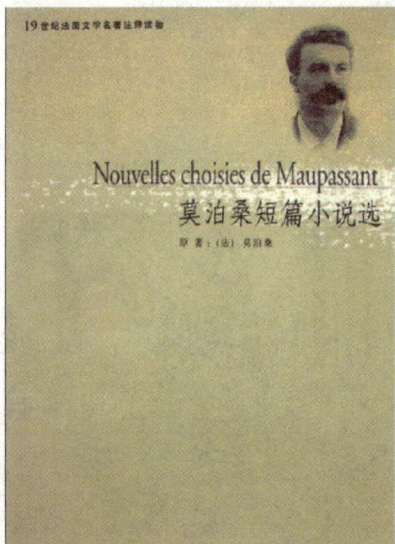

19世纪法国文学名著址界读物

Nouvelles choisies de Maupassant
莫泊桑短篇小说选

原著：（法）莫泊桑

✳《莫泊桑短篇小说选》

莫泊桑的成名作《羊脂球》即在其中。这是他公开发表的第一篇重要小说，这使他一举成名。他的文学生涯自此开始。

莫泊桑的传世佳作大多是在1880年～1890年这10年间创作的。莫泊桑自1880年起偏头痛的发作日趋频繁，右眼的调节功能全部丧失，心跳紊乱，再加上他放浪形骸，因而宿命论和悲观主义情绪屡见不鲜。自1885年后，他转向长篇小说的创作，部长篇小说中除了《一生》外，其他5部都是这个时期的创作。

到了19世纪80年代末期，由于莫泊桑思想上阴郁苦闷与绝望情绪的加强，以及法国文学艺术中颓废倾向对他的影响，不仅他的作品中的批判力量锐减，而且他观察研究社会现象的兴趣也日趋淡薄。他变得越来越内向。因此，社会的主题消失不见了，而人的内心世界、人的心理现象乃至病态心理成了他作品中的主要内容，如《皮埃尔和若望》、《我们的心》等。在此以后，莫泊桑除了原有的诸种疾病外，神经分裂症渐渐恶化。1891年病情急转直下，求生的欲望使他四处求医，但又继续迷恋于放浪的生活。他渐渐失去康复的信心。1892年1月2日，莫泊桑自杀未遂5天后他被送入精神院。1893年，莫泊桑与世长辞，年仅43岁。

世界"童话之王"——安徒生

安徒生（1805～1875），丹麦童话作家，世界"童话之王"。他出生在丹麦欧登塞的一个贫穷的鞋匠之家。从小到大，安徒生一直是别人的笑料。他朗读诗歌的时候被他的邻居笑话，大概是笑他癞蛤蟆想吃天鹅肉吧；他写作诗歌的时候被他的同学笑话，大概是笑他自不量力吧；他把当地的一篇传统神话改编成《海的女儿》时，又被同行和媒体笑话，大概是认定了他成不了名吧！很显然，安徒生注意到了这些不太善良的反馈。尽管他也痛苦过，但并未因此改变自己的行为方式。这个穷鞋匠的儿子从来就不认为自己应该跟工厂里那些喜欢讲下流话的人属于一类，尽管他和他们一样穷。

14岁时，安徒生告别家乡到哥本哈根，下定决心要当一个艺术家。但是由于贫穷他面临走投无路的困境，幸好有文艺界人士同情他的

❋ 安徒生的铜像

遭遇，提供给他学习的机会。安徒生阅读了大量名家如哥德、拜伦的作品，也学着创作诗篇与剧本。安徒生17岁发表作品《尝试集》；24岁出版长篇幻想游记《阿马格岛漫游记》，第一版销售一空，原本在饥饿中挣扎的安徒生从此脱离贫穷的阴影。

1829年4月，安徒生的喜剧《在尼古拉耶夫塔上的爱情》正式在皇家歌剧院上演的那一天，这位年轻的剧作家静静地坐在大剧院的一个角落里，望着那些他所创作的人物形象活生生地出现在观众的面前，听着观众的喝彩，他的眼中不禁流出一行行的热泪。十年前，他几次想在这个剧院里找到一个小小职位，都遭到了奚落和否定。从那时起到现在舞台上的演出为止，这是一段多么艰苦和漫长的过程！今天，他终于成功了，得到了公众的承认。

1835年，安徒生在创作了诗歌、小说、剧本，并受到社会承认之后，他认真地思考一个问题：谁最需要他写作呢？他感到最需要他写作的人莫过于丹麦的孩子，特别是穷苦的孩子。他们是多么寂寞，不但没有机会上学，没有玩具，甚至还没有朋友。他自己就曾经是这样一个孩子。为使这些孩子凄惨的生活有一点温暖，同时通过这些东西来教育他们，使他们热爱生活、热爱美和真理，他就要为他们写些美丽的作品，富有现实意义的作品。他觉得最能表达他的这个思想的文学形式就是童话了。他要写童话，要做一个童话作家。安徒生从此成了一个具有特殊风格的童话作家。他过去的历程——艰苦的生活、学习、写作和旅行，在他看来完全是一种有意义的准备和练习，即为童话的创作打下基础。从此童话成了他的主要创作活动。他花费40年的时间，为孩子撰写了164则童话，文体包括故事、散文、散文诗及

❀ 安徒生童话《小人鱼》

儿童小说。文体简洁朴素，但充满丰富想象力与浓厚诗情及哲理，又能反映所处时代和社会生活，表达平凡人的感情与意愿。因此他的童话，表面上是"为孩子们讲的故事"，实际上却适合任何年龄层。

安徒生的童话被译成了100多种文字，深受全世界儿童喜爱，成为世界文学的宝贵遗产。安徒生终生未婚，常年孤单一人，他把整个生命献给了文学创作。丹麦人民为纪念安徒生，在他诞生100周年时，在他的故乡盖建了安徒生博物馆。

✱ 安徒生的故乡——童话之城欧登塞

儿童作品文学家——约拿旦·斯威夫特

约拿旦·斯威夫特（1667~1745）出生于爱尔兰都柏林的一个贫苦家庭，靠叔父抚养长大。1686、1692和1701年分别获得都柏林三一学院学士学位、牛津大学硕士学位和三一学院神学博士学位。在此期间曾任邓波尔爵士私人秘书、英国国教会教士以及乡村牧师等。

约拿旦·斯威夫特1710年到1714年担任托利党内阁大臣主编《考察报》，托利党人失势后，他回到爱尔兰，在都柏林作圣帕特尼克大教堂的副主教。斯威夫特以大量政论和讽刺诗等抨击地主豪绅和英国殖民主义政策，受到读者热烈欢迎。而他的讽刺小说则影响更为深广，所以高尔基称他为世界"伟大文学创造者之一"。约拿旦·斯威夫特是当时世界著名的讽刺作家之一。

斯威夫特分别作于1696年与1697年的两部早期讽刺作品《桶的故事》和《书的战争》就是其讽刺才华的最初展现。《桶的故事》表面上讲的是三兄弟背弃了亡父遗嘱的故事，实质上则是对宗教论争的尖刻模仿，讽刺了那些自命为基督教正宗者的道貌岸然，揭露了他们对

✱ 斯威夫特

教义阳奉阴违的事实。该书一直以来都被英国启蒙主义者们用作攻击教会的重要武器。《书的战争》则将矛头直指当时贫乏的学术、浅薄的文学批评和各种社会恶习，对当时学究式的烦琐考证和脱离实际的学术研究提出批评，还提出了文艺与科学应当为人民服务的观点。在英国当了几年政论家后，斯威夫特的影响达到了顶点。这时，爱尔兰人民在英国政府专制统治之下的痛苦生活得到了他的同情。于是，斯威夫特站在爱尔兰人的立场上，猛烈地攻击英国政府，为爱尔兰人民争取早日独立和自由摇旗呐喊，还赢得了"伟大的爱尔兰的爱国者"的称号。

斯威夫特最著名的文学作品是寓言小说《格列佛游记》。作者借船长格列佛之口逼真地描述了在4次航海中的奇异经历，通过这种幻想旅行的方式来影射现实，极尽讽刺之能事，对英国的君主政体、司法制度、殖民政策和社会风尚进行了揭露。

作为典型的讽刺作家，斯威夫特的故事总是有所指的：小人国会因鞋跟高低、吃蛋先敲哪端而分裂，演化出两党之争；大人国的居民尽管身材高大，却丝毫不像人类那样穷兵黩武；飞岛对其领地的统治就像英格兰对爱尔兰一样让人看不过眼；相比之下，倒是慧骃国里的马儿颇具理性和各种美德。

在斯威夫特笔下，丑恶人性的表现不胜枚举：背信弃义、无知浅薄、为非作歹、懒散腐败……这一切的症结皆在于人类道德的堕落。他通过对慧骃的描绘，就是寄托了自己对理想的人性和道德的追求。

JingDian WenKu

格列佛游记

名典书坊

*《格列佛游记》

现实主义的丰碑——托尔斯泰

托尔斯泰是19世纪俄国最伟大的作家。他出生于贵族家庭，1840年入喀山大学，受到卢梭、孟德斯鸠等启蒙思想家影响。1847年退学回故乡，在自己领地上作改革农奴制的尝试，之后在高加索军队中服役并开始写作。1854年～1855年参加克里米亚战争。几年军旅生活不仅使他看到上流社会的腐化，而且为以后在其巨著《战争与和平》中能够逼真地描绘战争场面打下基础。1855年11月托尔斯泰到彼得堡进入文学界，此后发表：自传体小说《童年》、《少年》，这些作品反映了他对贵族生活的批判态度，"道德自我修养"主张和擅长心理分析的特色。从中篇小说《一

❋ 托尔斯泰肖像

个地主的早晨》之中可以看到他站在自由主义贵族立场主张自上而下改革而在自己庄园试验失败的过程。

1857年，托尔斯泰出国，看到资本主义社会重重矛盾，但找不到消灭社会罪恶的途径，只好呼吁人们按照"永恒的宗教真理"生活。这些观点反映在其短篇小说《琉森》之中，后又创作了探讨生与死、痛苦与幸福等问题的《三死》、《家庭幸福》。

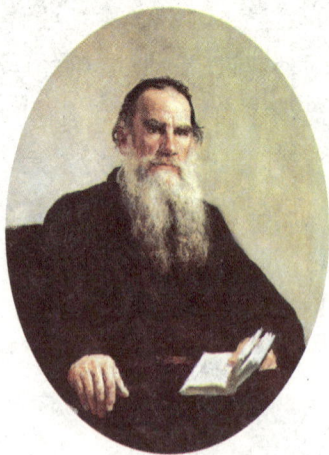

为考察欧洲教育，1860年～1861年托尔斯泰再度出国，结识赫尔岑，听狄更斯演讲，会见普鲁东。他认为俄国应在小农经济基础上建立自己的理想社会；农民是最高道德理想的化身，贵族应走向"平民化"。这些思想鲜明地体现在其中

❋ 托尔斯泰在耕地

世界名人故事

★ 托尔斯泰墓

篇小说《哥萨克》之中。

1863年～1869年，托尔斯泰创作了长篇历史小说《战争与和平》，这是其创作历程中的第一个里程碑。小说以四大家族相互关系为情节线索，展现了当时俄国从城市到乡村的广阔社会生活画面，气势磅礴地反映了1805年～1820年之间发生的一系列重大历史事件，特别是1812年库图佐夫领导的反对拿破仑的卫国战争，歌颂了俄国人民的爱国热忱和英勇斗争精神，主要探讨俄国前途和命运，特别是贵族的地位和出路问题。之后，他经12次修改，完成其第二部里程碑式巨著《安娜·卡列尼娜》，小说艺术已达炉火纯青。

19世纪70年代末，托尔斯泰的世界观发生巨变，写成《忏悔录》。19世纪80年代创作：剧本《黑暗的势力》、《教育的果实》；中篇小说《魔鬼》、《伊凡·伊里奇之死》、《克莱采奏鸣曲》、《哈泽·穆拉特》；短篇小说《舞会之后》；特别是1889年～1899年创作的长篇小说《复活》是他长期思想、艺术探索的总结，也是对俄国社会批判最全面深刻、有力的一部著作，成为世界文学不朽名著之一。

托尔斯泰晚年力求过简朴的平民生活，1910年10月从家中出走，11月7日病逝于一个小站，享年82岁，一代文学巨匠就这样走完其人生旅程。

苏联无产阶级文学奠基人——高尔基

高尔基（1868～1936），苏联伟大的无产阶级作家，"无产阶级艺术最伟大的代表者"（列宁语），社会主义、现实主义文学奠基人，无产阶级革命文学导师，苏联文学的创始人。原名阿列克塞·马克西莫维奇·彼什科夫，1868年3月28日出生于俄国伏尔加河畔的下诺夫戈罗德城（今高尔基城）。

高尔基的父亲是木匠。他早年丧父，寄居在经营小染坊的外祖父家。高尔基11岁开始独立谋生，其童年和少年时代是在旧社会的底层度过的。高尔基早年的不平凡的经历在他著名的自传体三部曲中作了生动的记述。人间的苦难，生活的辛酸，磨炼了他的斗志。他在繁重劳动之余，勤奋自学不息。对社会底层人民痛苦生活的

世界名人故事

* 高尔基

体验和深切了解成为他创作中永不枯竭的源泉。1892年，以马克西姆·高尔基（意为最大的痛苦）这个笔名，发表了处女作《马卡尔·楚德拉》。高尔基早期作品中，最有名的是浪漫主义短篇《伊则吉尔老婆子》和《鹰之歌》、描写流浪汉生活的代表作《切尔卡什》，都是在1895年发表的。1899年，高尔基完成了第一部长篇小说《福马·高尔杰耶夫》。1901年，高尔基因参加彼得堡的示威游行而被捕。著名散文诗《海燕》就是他参加这次示威游行后写的，他以这篇豪情洋溢的革命檄文，迎接了20世纪无产阶级的革命风暴。同年，他写了第一个剧本《小市民》，其突出成就是塑造了世界文学史上第一个革命无产者（革命工人尼尔）的形象。1902年，写了剧本《在底层》，它是作者20年观察流浪汉生活的总结，是高尔基戏剧的代表作。

　　在1905年革命形势高涨的岁月里，高尔基作为战士参加了革命运动，他的住宅成为1905年莫斯科武装起义的据点之一。

　　1906年，高尔基最优秀的代表作《母亲》发表了。在世界文学史上，它是一部划时代的巨著，开辟了无产阶级文学新的历史时期。同年，在美国写了描写工人暴动的剧本《敌人》，它是高尔基最优秀的剧作之一。1906年～1913年，高尔基因沙皇政府的迫害，侨居意大利，成为一个政治流亡分子。1907年春，参加了在伦敦举行的俄国社会民主工党第5次代表大会。从此，他和列宁之间建立了密切的联系和深厚的友谊。1911年～1913年间，写了故事集《意大利童话》。1913年高尔基创作了自传体三部曲的第一部《童

* 高尔基

年》。 1913年高尔基回到祖国，主持《真理报》文艺栏，从事文化组织工作和文学活动。1916年，发表自传体三部曲的第二部《在人间》；1922年发表第三部《我的大学》。十月革命胜利后，1925年发表长篇小说《阿尔达莫诺夫家的事业》。1925年～1936年写的长篇史诗《克里姆·萨姆金的一生》是高尔基的最后一部巨著，这部史诗是高尔基最杰出的艺术成就之一。1934年，在高尔基主持下召开了第一次全苏作家代表大会，高尔基当选为苏联作家协会主席。

＊ 高尔基

世界名人故事

诗歌艺术大师——泰戈尔

泰戈尔（1861～1941）是一位印度诗人、哲学家和印度民族主义者，1913年他获得诺贝尔文学奖，是首位获得诺贝尔文学奖的亚洲人。

1861年5月7日，泰戈尔诞生在印度加尔各答市一个富有的贵族家庭。他的父亲和哥哥、姐姐都是社会名流。泰戈尔在这样一个文坛世家环境的熏陶下，8岁开始写诗，12岁开始写剧本，14岁发表第一篇爱国诗《献给印度教徒庙会》，15岁发表了第一首长诗《野

＊ 泰戈尔像

花》，17岁发表了叙事诗《诗人的故事》。才华横溢的泰戈尔从小就走上了文学创作的道路，他的作品成为印度文艺复兴运动和民族独立运动的一个重要方面，在国内外产生巨大影响。

泰戈尔的一生是在印度处于英国殖民统治的年代中度过的。祖国的沦亡、民族的屈辱、殖民地人民的悲惨生活，都深深地烙印在泰戈尔的心灵深处，爱国主义的思想一开始就在他的作品中强烈地表现出来。他虽然出身于富贵家庭、生活在矛盾错综复杂的社会里，但他的爱憎是分明的，创作思想是明确的，始终跟上了时代的步伐。他曾在民族独立运动高潮时，写信给英国总督表示抗议殖民统治，为了抗议1919年札连瓦拉园惨案，他拒绝了英国国王授予的骑士头衔，他是第一个拒绝英王授予的荣誉的人。

他反对英国在印度建立起来的教育制度，反对这种"人为"的、完全服从的、死背书、不与大自然接触的学校。为此他在他的故乡建立了一个按他的设想设计的学校，这是维斯瓦－巴拉蒂大学的前身。

泰戈尔不是个狭隘的爱国主义者。他对于处在帝国主义侵略和压迫下的各国人民一贯寄予深切的同情，并给予有力的支持。20世纪20年代，泰戈尔曾多次出国访问，并与世界各国文化名人一起组织反战的和平团

※ 林徽因、泰戈尔与徐志摩

体。20世纪30年代，当德、意、日法西斯发动侵略战争的时候，泰戈尔拍案而起，向全世界大声疾呼："在我离去之前，我向每一个家庭呼吁——准备战斗吧，反抗那披着人皮的野兽。"就这样，直到1941年8月7日泰戈尔在加尔各答逝世，他一直战斗到生命的最后一刻。

这位举世闻名、多才多艺的作家，在漫长的60多年创作生涯里，共写了50多部诗集，12部中长篇小说，100余篇短篇小说，200多个剧本和许多有关文学、哲学、政治的论文以及回忆录、游记、书简等。其中1921年问世的著名诗集《吉檀迦利》，使泰戈尔获得了诺贝尔文学奖。他的《故事

※ 泰戈尔与爱因斯坦

诗》和《两亩地》是印度人民喜闻乐见、广为传诵的不朽诗篇；脍炙人口的《喀布尔人》、《素芭》和《摩诃摩耶》均为世界短篇小说的杰作；《赎罪》、《顽固堡垒》、《红夹竹桃》等都是针对当时印度社会现实予以无情揭露和鞭笞的著名戏剧剧本。

泰戈尔不仅是一位造诣很深的作家、诗人，还是一位颇有成就的作曲家和画家。他一生共创作了2000余首激动人心、优美动听的歌曲。其中，他在印度民族解放运动高涨时期创作的不少热情洋溢的爱国歌曲，成了鼓舞印度人民同殖民主义统治进行斗争的有力武器。《人民的意志》这首歌，于1950年被定为印度国歌。泰戈尔晚年绘制的1500帧画，曾作为艺术珍品在世界许多有名的地方展出。

现代艺术的探险者——卡夫卡

卡夫卡（1883～1924），20世纪德语小说家。文笔明净而想象奇诡，常采用寓言体，背后的寓意非常深刻。别开生面的手法，令20世纪各个写作流派纷纷追认其为先驱。

卡夫卡生于捷克首府布拉格一个犹太商人家庭，自幼爱好文学、戏剧，18岁进入布拉格大学，初习化学、文学，后习法律，获博士学位。毕业后，在保险公司任职。多次与人订婚，却终生未娶，41岁时死于肺痨。

1904年，卡夫卡开始发表小说，早期的作品颇受表现主义的影响。1912年的一个晚上，通宵写出短篇《判决》，从此建立自己独特的风格。生前共出版7本小说的单行本和集子，死后由好友布劳德替他整理遗稿，出版3部长篇小说，以及书信、日记，并替他立传。

卡夫卡是一位用德语写作的业余作家，国籍属奥匈帝国。他与法国作家马赛尔·普鲁斯特、爱尔兰作家詹姆斯·乔伊斯并称为西方现代主义文学的先驱和大师。卡夫卡生前默默无闻，孤独地奋斗，随着时间的流

✳弗兰茨·卡夫卡

※ 卡夫卡像

世界名人故事

逝，他的价值才逐渐为人们所认识，作品引起了世界的震动，并在世界范围内形成一股"卡夫卡"热，经久不衰。

卡夫卡一生的作品并不多，但对后世文学的影响却是极为深远的。美国诗人奥登认为："他与我们时代的关系最近似但丁、莎士比亚、歌德与他们时代的关系。"卡夫卡的小说揭示了一种荒诞的充满非理性色彩的景象，个人式的、忧郁的、孤独的情绪，运用的是象征式的手法。后世的许多现代主义文学流派如"荒诞派戏剧"、法国的"新小说"等都把卡夫卡奉为自己的鼻祖。

卡夫卡的父亲粗暴、专制，对儿子的学习、生活不闻不问，只是偶尔指手画脚地训斥一通——他想把儿子培养成为性格坚强而又能干的年轻人，但结果是适得其反，卡夫卡内心中一直对父亲存有无法消除的畏惧心理。由此而培养的敏感、怯懦的性格和孤僻、忧郁的气质使卡夫卡其人其书成为那个时代资本主义社会的精神写照：难以排遣的孤独和危机感，无法克服的荒诞和恐惧。

卡夫卡的《变形记》中，由于沉重的肉体和精神上的压迫，使人失去了自己的本质，异化为非人。另一部短篇小说《饥饿艺术家》描述了经理把绝食表演者关在铁笼内进行表演，时间长达40天。表演结束时，绝食者已经

※ 卡夫卡铜像

骨瘦如柴，不能支持。后来他被一个马戏团聘去，把关他的笼子放在离兽场很近的道口，为的是游客去看野兽时能顺便看到他。可是人们忘了更换记日牌，绝食者无限期地绝食下去，终于饿死。这里的饥饿艺术家实际上已经异化为动物了。

他的另外一些小说是揭示现实世界的荒诞与非理性的，如《判决》和名篇《乡村医生》，现实和非现实的因素交织，透过这些荒诞的细节和神秘的迷雾，这里寓意着：人类患了十分严重的病，已经使肌体无可救药。人类社会的一些病症是医生医治不了的，这里的医生最后也变成了流浪者。

✳ 卡夫卡墓碑

浪漫派最后一个骑士——赫尔曼·黑塞

赫尔曼·黑塞（1877～1962）德国作家。1923年，46岁的他入瑞士籍，1946年获诺贝尔文学奖，1962年于瑞士家中去世。他爱好音乐与绘画，是一位漂泊、孤独、隐逸的诗人。黑塞的诗有很多充满了浪漫气息，从他的最初诗集《浪漫之歌》的书名，也可以看出他深受德国浪漫主义诗人的影响，以致后来被人称为"德国浪漫派最后的一个骑士"。主要作品有《彼得·卡门青特》、《荒原狼》、《东方之行》、《玻璃球游戏》等。

赫尔曼·黑塞，出生于德国西南部的小城卡尔夫的一个牧师家庭。自幼在浓重的宗教气氛中长大。1891年，他通过"邦试"，考入毛尔布隆神学校。由于不堪忍受经院教育的摧残，半年后他逃离学校。这期间他游历许多城市，从事过多种职业。

在比较广泛地接受东西方文化熏陶之后，1904年，黑塞发表了长篇小说《彼得·卡门青特》，一举成名，从此成为专业作家。这一年他与玛丽结婚，移居巴登湖畔，埋头写作，1906年发表了长篇

✳ 赫尔曼·黑塞

小说《在轮下》。这一时期的创作以浪漫主义诗歌、田园诗风格的抒情小说和流浪汉小说为主，作品洋溢着对童年和乡土的思念之情，充满对广大自然和人类的爱，同时也表现了青年人的精神苦闷与追求。

第一次世界大战后，黑塞的创作发生了明显的变化，他醉心于尼采哲学，求助于印度佛教和中国的老庄哲学，并对荣格的精神分析产生了深厚的兴趣。他试图从宗教、哲学和心理学方面探索人类精神解放的途径。这时期的长篇小说有《克努尔普》、《德米安》、《席特哈尔塔》、《荒原狼》和《纳尔齐斯与歌尔德蒙》等。这些书深受西方读者的喜爱，得到极高的评价，其中《荒原狼》曾轰动欧美，被托马斯·曼誉为德国的《尤利西斯》。

20世纪30年代后，法西斯在德国猖獗，黑塞对社会前途陷入深深的怀疑与绝望之中，但他仍不倦地从东西方宗教与哲学中寻求理想世界，《东方之行》、《玻璃球游戏》正是这一时期追求与探索的结晶。

黑塞被雨果称为德国浪漫派最后一位骑士，这说明他在艺术上深受浪漫主义诗歌的影响。他热爱大自然，厌倦都市文明，作品多采用象征手法，文笔优美细腻；由于受精神分析影响，他的作品着重在精神领域里进行挖掘探索，无畏而诚实地剖析内心，因此他的小说具有心理的深度。1946年，由于他的富于灵感的作品具有道劲的气势和洞察力，也为崇高的人道主义理想和高尚风格提供了一个范例，黑塞获诺贝尔文学奖。

世界名人故事

※ 赫尔曼·黑塞

※ 黑塞

现代小说之父——海明威

海明威（1899～1961），美国小说家。他于1899年生于芝加哥附近的一个医生家庭，1954年获诺贝尔文学奖。他曾参加第一次世界大战，后担任驻欧洲记者，并以记者身份参加了第二次世界大战和西班牙内战。海明威晚年患多种疾病，精神抑郁，1961年自杀。他的早期长篇小说《太阳照样升起》（1927）、《永别了，武器》（1927）成为表现美国"迷惘的一代"的主要代表作。

20世纪20年代是海明威文学创作的早期，他写出了《在我们的时代里》、《春潮》、《没有女人的男人》和长篇小说《太阳照样升起》、《永别了，武器》等作品。

＊ 欧内斯特·米勒尔·海明威

这一时期，正值西方世界沉沦为社会崩溃背后所看到的荒原时期，长篇小说《太阳照样升起》就是写战后一群流落欧洲的青年的生活情景以及他们精神世界的深刻变化。小说主人公杰克·巴恩斯是一名美国记者，战争毁掉了他的性能力。他爱上了一名英国护士勃瑞特·艾希利，后者也倾心于他，但他们无法结合。一个美国作家罗伯特·柯恩——一个对生活颇多虚妄与浪漫幻想的人也爱上了勃瑞特，但她并不喜欢他。这一群历经沧桑的青年，战后浪迹欧洲大陆，整日无所事事，聚饮、争吵或殴斗。战争夺取了他们的亲人，给他们留下了肉体上和精神上的创伤，他们对战争极度厌恶，对公理、传统价值观产生了怀疑，对人生感到厌倦、迷惘和懊丧。小说从一个独特的角度谴责了战争，具有反战色彩。小说因写了一代人的迷惘而成了"迷惘的一代"文学流派的代表作。

《永别了，武器》是海明威的代表作。他以反对帝国主义战争为主题，揭示了"迷惘的一代"出现的历史原因，控诉了战争毁灭人的理想和幸福，戕害人们的心灵，并使千百万无辜生命因此涂炭。这篇作品显露了海明威散文风格的基本特色和"现代叙事艺术"。作品故事情节简单而意境纯一，语言朴实无华，句子短小凝练，环境描写达到情景交融。

1937年，海明威以北美报业联盟记者的身份去西班牙报道战事。他积极支持年轻的共和政府，为影片《西班牙大地》写解说词，在美国第二届作家会议上发言斥责法西斯主义。1938年发表剧本《第五纵队》。西班牙内战结束后，他回到古巴，在哈瓦那郊区创作长篇小说《丧钟为谁而鸣》。这部小说以西班牙内战为背景，叙述美国人乔顿奉命在一支山区游击队的配合下炸桥的故事，集中描写乔顿炸桥前3个昼夜的活动。

20世纪40年代初，海明威来中国报道抗日战争。1942至1944年间，他驾驶"皮拉尔号"游艇巡逻海上，因而得到表彰。他曾率领一支游击队参加解放巴黎的战斗，因此被控为违反日内瓦会议关于记者不得参与战斗的规定。海明威出庭受审，结果宣告无罪，后来还获得铜质奖章。

20世纪50年代，海明威塑造了以桑提亚哥为代表的"可以把他消灭，但就是打不败他"的"硬汉形象"（代表作

年轻时期的海明威

《老人与海》）。因此海明威被认为是美利坚民族的精神丰碑。

1954年，海明威获诺贝尔文学奖金。古巴革命后，海明威夫妇迁居美国爱达荷州。海明威晚年患有高血压、糖尿病、铁质代谢紊乱等病，精神抑郁症十分严重，多次医疗无效。1961年7月2日的早晨，海明威用猎枪自杀。

海明威一生的创作在现代文学史上留下了光辉的一页。他以自己的经历披露了当权者的伪善和现实的残酷，刻画了美国年轻一代的迷惘情绪，作品中洋溢着对劳动人民的热爱，在探索艺术创作的途径中使现实主义在开放性的兼容并蓄中获得了新的光采！

海明威故居

第五章

世界名人：艺术家卷

Shijiemingren Yishujia Juan

当人们满足于物质享受的时候，对精神领域的更高追求使世界产生了艺术。作为一种高尚和文雅的创作行为，从古至今，众多的艺术家克服种种困难为人类留下了许多宝贵的艺术珍品，它们使我们的生活更加丰富多彩。

17世纪荷兰画派代表人物——伦勃朗

伦勃朗·哈尔曼松·凡·莱因（1606~1669）是欧洲17世纪最伟大的画家之一，也是荷兰历史上最伟大的画家。

伦勃朗生于荷兰莱顿，父亲是磨坊主，母亲是面包师的女儿，他们共有9个孩子。

伦勃朗14岁进莱顿大学；17岁去阿姆斯特丹向历史画家拉斯特曼学画；1627年，21岁的他已经基本掌握油画、素描和蚀刻画的技巧并发展了自己的风格，回家乡自己开画室招徒作画，期间画了许多自画像；1631年离开莱顿去阿姆斯特丹，17世纪30年代就成为阿姆斯特丹的主要肖像画家。他的肖像画风格人物安排具有戏剧

❋ 伦勃朗自画像

性，深深打动人心，他以神话和宗教故事为题材的作品供不应求。他对戏剧很感兴趣，经常利用如同舞台高光的亮色描绘在阴暗背景下的人物。1650年以后，伦勃朗的画更为宽阔有力，利用迭色使画面更加有立体感。

从1640年代开始，他经常到乡村漫步和作画，创作了许多反映大自然的素描和版画，风格质朴。1661年是他作画最多的一年，1663年以后就作画较少了，但结交了许多中下阶层的市民，眼界更为开阔，技巧更为成熟，创造力达到顶峰。

伦勃朗和他的妻子生有4个孩

❋ 伦勃朗

世界名人故事

子，只有最小的一个存活，他妻子在生完最后一个孩子后不久去世。他和女仆住在一起，女仆为他生了一个女儿，为此受到教会的谴责。由于他为了画画经常采购大量的衣物和绘画工具，从不计较钱财，所以很快就到了破产的边缘。1669年他在贫病中去世，身边只有女儿陪伴，死后葬在西教堂一个无名墓地中。

伦勃朗一生留下600多幅油画，300多幅蚀版画和2000多幅素描，画了100多幅自画像，而且几乎他所有的家人都在他的画中出现过。

※ 伦勃朗

史上脾气最坏的画家——梵高

梵高全名文森特·梵高（1853～1890），荷兰后期印象画派代表人物，是19世纪人类最杰出的艺术家之一。

梵高出生在荷兰一个乡村牧师家庭。他是后印象派的三大巨匠之一。

梵高年轻时在画店里当店员，这算是他最早受的"艺术教育"。后来到巴黎，和印象派画家相交，在色彩方面受到启发和熏陶。以此，人们称他为"后印象派"。但比印象派画家更彻底地学习了东方艺术中线条的表现力，他很欣赏日本葛饰北斋的"浮世绘"。而在西方画家中，从精神上给他更大影响的则是伦勃朗、杜米埃和米莱。

梵高生性善良，同情穷人，早年为了

※ 梵高

"抚慰世上一切不幸的人"，他曾自费到一个矿区里去当过教士，跟矿工一样吃最差的伙食，一起睡在地板上。矿坑爆炸时，他曾冒死救出一个重伤的矿工。他的这种过分认真的牺牲精神引起了教会的不安，终于把他撤了职。这样，他又回到绘画事业上来，受到他的表兄以及当时荷兰一些画家短时间的指导，并与巴黎新起的画家（包括印象派画家）建立了友谊。

❋ 梵高

梵高全部杰出的、富有独创性的作品，都是在他生命最后的6年中完成的。他最初的作品，情调常是低沉的，可是后来，他大量的作品由低沉变为响亮和明朗，好像要用欢快的歌声来慰藉人世的苦难，以表达他强烈的理想和希望。一位英国评论家说："他用全部精力追求了一件世界上最简单、最普通的东西，这就是太阳。"他的画面上不单充满了阳光下的鲜艳色彩，而且不止一次地去描绘令人逼视的太阳本身，并且多次描绘向日葵。为了纪念他去世的表兄莫夫，他画了一幅阳光下《盛开的桃花》，并题写诗句说："只要活人还活着，死去的人总还是活着。"另一部有代表性的作品是《向日葵》，是在阳光明媚灿烂的法国南部所作的。画家像闪烁着熊熊的火焰，满怀炽热的激情令运动感的和仿佛旋转不停的笔触是那样粗厚有力，色彩的对比也是单纯强烈的。然而，在这种粗厚和单纯中却又充满了智慧和灵气。

梵高的作品如此美丽、有深度，从看似幼稚不规范如孩童描画的线条可见梵高有着不老的童心和不安分的创作欲，苍劲有力而又多变飘泼的笔速让人感到他内心无比疯狂、热烈，好像冰山下已在画中爆发的火种。是的，梵高的画总是充满灵气的！

❋ 梵高的向日葵

世界名人故事

以农民为题材的画家——米勒

让·弗朗索瓦·米勒(1814～1875)是19世纪法国最杰出的以表现农民题材而著称的现实主义画家。他创作的作品以描绘农民的劳动和生活为主，具有浓郁的农村生活气息。

米勒曾师从德洛罗什学画，后因不满老师的浮华风格和无力负担学费而辍学。1849年，他定居巴比松村后从事耕作，以补助生活。长期接触他所熟悉的农民，许多重要作品都在此产生。他曾说："我是一个农民，我愿意到死也是一个农民。我要描绘我所感受到的东西。"《播种者》、《晚钟》、《牧羊女》、《死神与樵夫》和《扶锄的人》等都描绘和歌颂农民的劳动生

＊米勒

＊牧羊女

世界名人故事

❋ 拾穗者

活和淳朴性格，也揭露了剥削制度的残酷，曾受到资产阶级的诋毁。部分作品中的人物具有宗教感情。画风以质朴、凝重、富有抒情气氛著称，但直至晚年，他的作品才引起人们的重视。

23岁时到巴黎师从于画家德拉罗什的经历给他留下了不好的回忆：画室里的同学都瞧不起他，说他是"土气的山里人"。老师也看不惯他，常斥责他："你似乎全知道，但又全不知道。"因此，这位乡下来的年轻人实在厌恶巴黎，说这个城市简直就是杂乱荒芜的大沙漠，只有卢浮宫才是艺术的"绿洲"。当他走进卢浮宫的大厅时惊喜地说："我好像不知不觉地来到一个艺术王国，这里的一切使我的幻想变成了现实。"米勒在巴黎贫困潦倒，亡妻

的打击和穷困压得他透不过气来。为了生存，他用素描去换鞋子穿，用油画去换床睡觉，还曾为接生婆画招牌去换点钱，为了迎合资产者的感官刺激，他还画过庸俗低级的裸女。有一次他听到人们议论他说："这就是那个除了画下流裸体，别的什么也不会画的米勒。"这使他伤透了心。从此他下决心不再迎合任何人了，坚决走自己的艺术道路。

1849年巴黎流行黑热病，他携家迁居到巴黎郊区枫丹白露附近的巴比松村，这时他已35岁。在巴比松村他结识了科罗、卢梭、特罗容等画家，在这个穷困闭塞的乡村，他一住就是27年之久。米勒对大自然和农村生活有一种特殊的深厚感情，他早起晚归，上午在田间劳动，下午就在不大通光的小屋子里

作画，他的生活异常困苦，但这并没有减弱他对艺术的酷爱和追求，他常常由于没钱买颜料就自己制造木炭条画素描。他爱生活、爱劳动、爱农民，他曾说过："无论如何农民这个题材对于我是最合适的。"他在巴比松的第一幅代表作品是《播种者》，以后相继创作了《拾穗者》和《晚钟》等名作。

把阳光洒向人间——莫扎特

沃尔夫冈·阿玛迪乌斯·莫扎特（1756～1791）是奥地利作曲家，维也纳古典乐派的代表人物。

莫扎特出生在一位宫廷乐师的家庭，3岁起显露极高的音乐天赋，4岁跟父亲学习钢琴，5岁开始作曲，据说在他还不会写字的时候便已会作曲了。1762年，6岁的莫扎特在父亲的带领下到慕尼黑、维也纳、普雷斯堡作了一次试验性的巡回演出，获得成功。

* 莫扎特

1763年6月～1773年3月，他们先后到德国、比利时、法国、英国、荷兰、意大利等国作为期10年的旅行演出均获成功。这些旅行演出对莫扎特的艺术发展产生了积极影响。他有机会接触到欧洲当代最先进的音乐艺术——意大利歌剧、法国歌剧、德国的器乐。

这一时期，莫扎特在伦敦出版了6首哈普西科德和小提琴（或长笛）的奏鸣曲，写作了3首交响曲和歌剧《虚伪的善意》（1768）、《巴斯蒂安与巴斯蒂娜》（1768）、《本都国王米特里达特》（1770）、《卢齐奥·西拉》（1772）等作品。

1773年底，莫扎特返回萨尔茨堡，在父亲的辅导下，弥补被中断了的音乐与文化的学习，同时利用旅行中获得的知识与素材，创作了大量的作品，包括歌剧《假园丁》（1775）和《牧人王》（1775）。这时已经成人的莫扎特，对自己卑微的奴

* 莫扎特

仆地位感到不满。为了争取人身与创作的自由，他经过激烈的斗争，终于在1777年9月获得大主教的同意。此后，他又跟母亲进行了两年的旅行演出。为了另谋职位，以便永远离开萨尔茨堡，他先后在慕尼黑和曼海姆教学、演出，进一步加深了对不平等制度的认识和体会。在曼海姆时，他得到一些市民音乐家的帮助与同情，并接触到当时欧洲重要的曼海姆乐派，听到第一流管弦乐队的演奏。1778年5月，他回到巴黎，由于母亲病逝，加上未能谋到职位，不得不在1779年1月返回萨尔茨堡。

莫扎特之后的生活每况愈下，身体也越来越糟，他不得不经常向朋友们求援。当他最后一部杰出的歌剧《魔笛》首场公演时(1791年9月30日)，他已痼疾缠身。有一天，一位神情冰冷、身着黑衣的陌生人前来拜仿，他请大师为他写一首《安魂曲》。陌生人走后，身心交瘁的莫扎特含着眼泪对妻子说，这部作品将为他自己而写。"他带着一种狂热的拼死劲儿开始写最后一部作品——《安魂曲》，莫扎特处于过度劳累的状态中，他摆脱不了这部'为死亡而作的弥撒曲'是为他自己而作的这样一种念头，他认为自己不能活着完成它了，他鞭策自己来写这部充满死亡景象的杰作，开始了与时间进行的悲剧性竞赛。"一个永远的愤憾是，这场竞赛的胜利者是死神，《安魂曲》写到一半时，莫扎特再也握不住手中的笔，这部传世之作的最终完成者，是他的得意门生修斯梅尔。

浪漫主义作曲家、歌曲之王——舒伯特

❋ 舒伯特

舒伯特（1797～1828），生活在古典主义和浪漫主义的交接时期。他的交响性风格继承的是古典主义的传统，但他的艺术歌曲和钢琴作品却完全是浪漫主义的。他绝妙的抒情性使李斯特称他为"前所未有的最富诗意的音乐家"。

奥地利作曲家舒伯特于1797年1月31日出生在维也纳贫困的小学校长家庭。他从小学习钢琴和小提琴，11岁被帝国小教堂唱诗班录取，并住进神学院，成为该校乐队小提琴手，同时还担任指挥，这使他有机会接触维也纳古典乐派一些著名作曲家的名作，他1813年为该乐队创作了《第一交响曲》，也在这一年因变声离开神学院。舒伯特为了减轻家庭负担，到父亲所在的学校里担任助理教师，同时继续创作。

1814年10月19日，舒伯特为歌德的诗《纺车旁的格丽卿》谱曲，他的这第一部歌曲杰作，打开了他创作灵感的闸门。仅1815年一年，舒伯特就写了144首歌曲，其中10月的一天就写了8首歌曲。除歌曲外，他还创作了1部交响曲，2部弥撒曲和其它作品。1816年，他辞去教师的职务，专心从事作曲。由于没有固定收入，生活比较贫困，在他的一些作品里也常常反映出苦闷和压抑的情绪，尽管这样，他还是满怀热情地创作了大量的歌颂民族解放斗争的优秀作品。长期的困苦生活，使舒伯特身心受到极大的摧残，1828年11月19日，年仅31岁的舒伯特在维也纳溘然长逝，他被人

❋ 舒伯特雕像

们崇敬地安葬在贝多芬墓旁。

舒伯特的创作生涯虽然很短暂，却给后人留下了大量的音乐财富，600多首委婉动听的艺术歌曲，为世界音乐宝库增添了耀眼的光辉，在音乐史上他被誉为"歌曲之王"。其最有代表性的歌曲有《魔王》、《野玫瑰》、《圣母颂》、《菩提树》、《鳟鱼》、《小夜曲》、声乐套曲《美丽的磨坊女》、《冬日的旅行》等；另有18部歌剧、歌唱剧和配剧音乐，10部交响曲，19首弦乐四重奏，22首钢琴奏鸣曲，4首小提琴奏鸣曲以及许多其它作品。

❀ 舒伯特的钢琴

交响乐之父——海顿

海顿（1732~1809）全名弗朗茨·约瑟夫·海顿，维也纳古典乐派的奠基人。约瑟夫·海顿的性格善良、诚恳而质朴，是一个人道主义者。他的这些性格在音乐中得到了十分明显的体现。他还热心关怀青年音乐家，如莫扎特、贝多芬等作曲家都曾向海顿求教，并且尊称他为"我们的父亲"。

1732年4月1日，车轮匠马蒂亚斯·海顿的老婆玛丽亚·科勒在罗劳（位于下奥地利，接近匈牙利边境）生下一个儿子。这孩子出生证明上登记的日期是4月1日，起名叫弗朗茨·约瑟夫·海顿。约瑟夫·海顿曾对自己的第一位传记作者迪斯这么说："我生于4月1日，我爸爸的日记上也是这么写的。但我兄弟米夏伊尔（另一位大作曲家）总说我生于3月31日。这是因为他不想说我生在愚人节。"（也

❀ 海顿

* 海顿

有说法为海顿生日是3月31日，因为，海顿一辈子都否认他是在4月1日出生的，原来是他不希望别人说，他是在愚人节出生的呆子。）

　　海顿的父亲是一个马车制造匠，以修造马车为生，母亲是个厨娘。尽管父母亲都是普通的劳动者，却都热爱音乐，这使海顿从小有机会受到音乐的熏陶。他的家境贫苦，为了学习，6岁就离开父母到了维也纳。海顿有着超人的音乐才华，8岁那年，被选为当时施台芳教会的儿童合唱团的团员。后来长大后，嗓子变声，被合唱团赶了出来，从此他流落街头，尝尽了世间的艰难困苦。幸运的是他被一位歌唱家发现，并得到了他的救助，才勉强活了下来。这个时期可以说是他一生最为艰苦的时期。虽然生活困窘，但他热爱音乐的信念从未动摇，他努力学习音乐，最终得到了匈牙利贵族保尔·艾斯特哈齐的

帮助，成为这位侯爵的宫廷乐师。此后，海顿生活安定，直到晚年，他的绝大部分作品都是这一时期创作的。由于他性格开朗，生活上又有了保障，在人格上也受到了人们的尊敬，因此他的作品听起来总有一种宁静、乐观的感觉，而不象贝多芬的音乐那样具有强烈的斗争性。

　　海顿对古典音乐的主要贡献是交响曲和四重奏，由于他对于交响曲体裁的形成和完善作出了巨大贡献，因此被人们称作"交响乐之父"。

　　海顿是一位多产的作曲家，作品涉及的范围也十分广泛，其中包括歌剧、神剧、清唱剧、交响曲、器乐协奏曲、弦乐四重奏以及其他室内乐作品。他最有代表性的作品有《惊愕交响曲》、《午别交响曲》、《时钟交响曲》、清唱剧《创世纪》和《皇帝

* 海顿的奏鸣曲第一章

世界名人故事

四重奏》等。这些作品都与奥地利民间音乐保持着紧密的联系，深刻地反映出海顿纯朴、明朗、幽默和乐观主义音乐风格，并对后代音乐家的创作产生了巨大影响。海顿晚年两次访问伦敦都取得了巨大成功，并创作了《伦敦交响曲》。海顿一生取得了巨大成就，在世界音乐史上占有十分重要的地位。

浪漫主义的钢琴诗人——肖邦

　　弗雷德里克·肖邦(1810~1849)，伟大的波兰音乐家、作曲家。代表作：《马祖卡舞曲》、《圆舞曲》、《葬礼进行曲》、《革命练习曲》。

　　1810年3月1日，肖邦生于华沙郊区热拉佐瓦沃拉。父亲原籍法国，是华沙一所中学的法语教师，后来开办了一所为来华沙学习的外省贵族子弟的寄宿学校。母亲是波兰人，曾在一个贵族亲戚的家庭中任女管家。肖邦幼年时向一位捷克音乐家W·日夫尼学习钢琴，8岁时开始公开演奏。1824年师从德国音乐家、华沙音乐学院院长J·A·F·埃尔斯纳学习音乐理论。1826年中学毕业后入华沙音乐学院学习，同时开始了他的早期创作活动，1829年毕业于该院。当时正值波兰民族运动走向高潮的年代，反对外国奴役、争取自由独立的民族斗争对青年肖邦的思想产生了深刻影响，培育了他的民族感情和爱国热忱。1830年3月肖邦在华沙演出了自己的早期代表作《第二钢琴协奏曲》（f小调），同年10月在告别华沙的音乐会上演奏了自己的另一部代表作《第一钢琴协奏曲》（e小调），均获得成功。11月2日肖邦携带一杯朋友们赠送的波兰泥土离开华沙，出国深造，从此永远离开了祖国。

❋ 肖邦

世界名人故事

12月初在维也纳逗留期间得知华沙爆发起义的消息，他为未能参加这次起义而焦急。当时曾想返回波兰参加斗争，被友人劝阻，未能实现。次年初在赴巴黎途经斯图加特时得知起义遭沙俄镇压、华沙陷落的噩耗，精神受到强烈震撼，这些，都在他当时的创作中留下了深刻印记。抵达巴黎后，他放弃了去伦敦的计划，在巴黎定居，从事钢琴演奏教学和创作活动。在这里他除了与流亡巴黎的波兰侨民密切交往之外，还结识了西欧文艺界许多重要人物，其中包括波兰流亡诗人A·密茨凯维奇，德国诗人H·海涅，法国画家E·德拉克洛瓦，意大利音乐家V·贝利尼，匈牙利

★ 肖邦

★ 肖邦的三度练习曲

音乐家F·李斯特等人。这些交往对肖邦精神生活的影响是不能低估的，特别是同法国女作家乔治·桑的关系，对肖邦的思想、生活产生了深刻的影响。他们从1838年同居到1846年关系破裂，前后共生活了8年。

从19世纪30年代初抵巴黎到19世纪40年代中期，肖邦的思想和艺术高度成熟，在创作上获得了极其丰硕的成果。从1846年起肖邦的创作开始出现衰退的趋势。其原因是多方面的：19世纪40年代波兰民族运动的几次挫折，使对此一直抱着热烈期望的肖邦在精神上受到了沉重打击，深深陷入了失望和消沉的情绪之中；同乔治·桑之间爱情的破裂，故乡亲人和挚友的相继去世，自己健康

情况的不断恶化，这一切都给他的身心造成深深的创伤，加重了他的悲哀和孤独。1848年衰弱的肖邦去英国逗留了一段时间，从事短期的教学和演奏活动。在那里他为流亡国外的波兰侨胞开了最后一次演奏会。回巴黎后，肖邦健康情况急剧恶化，1849年10月17日逝世于巴黎寓所，临终时嘱咐死后将自己的心脏运回祖国波兰安葬。

❋ 肖邦

俄罗斯人民的音乐巨匠——柴可夫斯基

彼得·伊里奇·柴科夫斯基（1840～1893）是俄罗斯浪漫乐派作曲家，也是俄国民族乐派的代表人物，其风格直接和间接地影响了很多后来者。

柴科夫斯基出生于沃特金斯克一个贵族家庭，从小在母亲的教导下学习钢琴，由于父亲的反对，进入法学院学习，毕业以后在法院工作。22岁时柴科夫斯基辞职，进入圣彼得堡音乐学院，跟随安东·鲁宾斯坦学习音乐创作，成绩优异。毕业后，在尼古拉·鲁宾斯坦（安东·鲁宾斯坦的弟弟）的邀请下，担任莫斯科音乐学院教授。

柴科夫斯基性格内向而且脆弱，感情丰富，与疯狂崇拜自己的女学生的婚姻破裂后，企图自杀，他的朋友把他送到外国疗养。他被认为有同性恋倾向，并且在当时的社会环境中一

❋ 柴可夫斯基

直试图压制，因此有意见认为这是婚姻破裂的原因。这期间开始和一个热爱音乐的梅克夫人通信。后来梅克夫人成为他的资助人，他后阶段的许多作品都是献给这位夫人的。但奇妙的是两个人从来没有见过面。当他们14年的书信往来因为这位夫人宣布破产而终止时，柴科夫斯基受到了很大的打击，在独自度过忧郁的3年后于莫斯科去世。他的死疑点重重，官方说法是他喝了带有霍乱病毒的水而染病身亡。但是据后来学者的考

柴可夫斯基音乐学院

证，很有可能是自己服用砒霜自杀。但是，这都只限于猜测，真的原因直到现在还是一个谜。

在音乐创作上，柴科夫斯基很崇拜莫扎特，甚至模仿他的风格创作了一部管弦乐组曲（Suite No. 4 in G major, "Mozartiana", Op. 61）。对于瓦格纳音乐中的一些特性他却很反感，认为瓦格纳过于重视管弦乐队而忽略了声乐，柴科夫斯基主张用现实主义手法来表现歌剧，主导动机只用以描写心理感情等内在方面。他的代表作品有《司令官》、《天鹅湖》、《小提琴协奏曲》、弦乐四重奏《如歌的行板》。

芭蕾《胡桃夹子》

第六章

世界名人:思想家卷

Shijiemingren Sixiangjia Juan

从古至今,各种各样的思想家针对人类社会所出现的问题纷纷提出自己的主张,并对零散的知识进行系统的总结。这些想法中有很多成为人类进步的阶梯。这些思想家们对人类所做出的贡献不仅影响了他们所处的时代,而且在今天同样散发着智慧的光芒。

形式逻辑学的创始人——亚里士多德

世界名人故事

亚里士多德（公元前384～公元前322），古希腊斯吉塔拉人，是世界古代史上最伟大的哲学家、科学家和教育家之一。亚里士多德的著作是古代的百科全书，据说有400到1000部，主要有《工具论》、《形而上学》、《物理学》、《伦理学》、《政治学》、《诗学》等，他的思想对人类产生了深远的影响。他创立了形式逻辑学，丰富和发展了哲学的各个分支学科，对科学作出了巨大的贡献。

亚里士多德出生于色雷斯的斯塔基拉，父亲是马其顿王的御医。公元前366年亚里士多德被送到雅

❋ 柏拉图和亚里士多德

典的柏拉图学园学习，此后20年间亚里士多德一直住在学园，直至老师柏拉图去世。柏拉图去世后，由于学园的新首脑比较认同柏拉图哲学中的数学倾向，这令亚里士多德无法忍受，便离开雅典。

离开学园后，亚里士多德先是接受了先前的学友赫米阿斯的邀请访问小亚细亚。赫米阿斯当时是小亚细亚沿岸的密细亚的统治者。亚里士多德在那里还娶了赫米阿斯的侄女为妻。但是在公元前344年，赫米阿斯在一次暴动中被谋杀，亚里士多德不

❋ 亚里士多德

世界名人故事

得不离开小亚细亚，和家人一起到了米提利尼。

3年后，亚里士多德又被马其顿的国王腓力浦二世召唤回故乡，成为当时年仅13岁的亚历山大大帝的老师。根据古希腊著名传记作家普鲁塔克的记载，亚里士多德对这位未来的世界领袖灌输了道德、政治以及哲学的教育。我们也有理由相信，亚里士多德也运用了自己的影响力，对亚历山大大帝的思想形成起了重要的作用。正是在亚里士多德的影响下，亚历山大大帝始终对科学事业十分关心，对知识十分尊重。但是，亚里士多德和亚历山大大帝的政治观点或许并不是完全相同的。前者的政治观是建筑在即将衰亡的希腊城邦的基础上的，而亚历山大大帝后来建立的中央集权帝国对希腊人来说无异是野蛮人的发明。

❋ 亚里士多德

尽管自己的学生已经是贵为国王，亚里士多德并没有一直留在国王身边，他决定回到雅典，建立自己的学园，教授哲学。亚里士多德非常重视教学方法，他反对刻板的教学方式，于是他经常带着学生在花园林荫大道上一边散步、一边讨论哲理，因此后人把亚里士多德学派称作"逍遥学派"。

亚里士多德的著作在这一期间也有很多，主要是关于自然和物理方面的自然科学和哲

❋ 亚里士多德全集

学，而使用的语言也要比柏拉图的《对话录》晦涩许多。他的作品很多都是以讲课的笔记为基础，有些甚至是他学生的课堂笔记。因此有人将亚里士多德看作是西方第一个教科书的作者。 亚历山大死后，雅典人开始奋起反对马其顿的统治。由于和亚历山大的关系，亚里士多德不得不因为被指控不敬神而逃到加而西斯避难。他的学园则交给了狄奥弗拉斯图掌管。一年之后，公元前322年，亚里士多德去世，去世的原因是一种多年积累的疾病所造成的。关于他被毒死，或者由于无法解释潮汐现象而跳海自杀的传言是完全没有史实根据的。

永不休止的哲学奠基者——康德

　　伊曼努尔·康德(1724～1804)，德国哲学家、天文学家、星云说的创立者之一、德国古典唯心主义创始人。

　　伊曼努尔·康德生于1724年4月22日，1740年入哥尼斯贝格大学。从1746年起任家庭教师4年。1755年完成大学学业，取得编外讲师资格，任讲师15年。在任讲师期间康德作为教师和著作家，声望日隆。除讲授物理学和数学外，还讲授逻辑学、形而上学、道德哲学、火器和筑城学、自然地理等。18世纪60年代，这一时期的主要著作有：《关于自然神学和道德的原则的明确性研究》（1764）、《把负数概念引进于哲学中的尝试》（1763）、《上帝存在的论证的唯一可能的根源》（1763）。所著《视灵者的幻梦》（1766）检验了有关精神世界的全部观点。1770年，歌德被任命为逻辑和形而上学

* 康德

教授。同年发表《论感觉界和理智界的形式和原则》。

从1781年开始，9年内出版了一系列涉及广阔领域的有独创性的伟大著作，短期内带来了一场哲学思想上的革命。如《纯粹理性批判》（1781）、《实践理性批判》（1788）、《判断力批判》（1790）。1793年《在理性范围内的宗教》出版后被指控为滥用哲学，歪曲并蔑视基督教的基本教义，于是政府要求康德不得在讲课和著述中再谈论宗教问题。但1797年国王死后，他又在最后一篇重要论文《学院之争》（1798）中重新论及这一问题。《从自然科学最高原理到物理学的过渡》本来可能成为康德哲学的重要补充，但此书未能完成。

临死前的若干年里，他的身体和精神都极为衰弱，作为哲学家的康德也只剩下了一个影子，那时德国哲学界的风云人物是费希特、谢林和黑格尔等人，他们作为德国唯心主义的领军人物誉满天下。1799年，康德发表了生前最后一篇文章《论与费希特科学学之关系》。在这篇封笔之作中，康德对费希特的科学哲学给予的评价是：一钱不值。这是康德作为哲学家的最后一句话，从此他就告别了哲学舞台——他已经完成了自己的使命。

1804年2月12日上午11时，伊曼努埃尔·康德在家乡科尼斯堡去世。康德去世时面容枯槁，瘦得只剩下一把骨头，

＊康德

遗体放在那里就像一个木乃伊。而且他的遗体也确实像一个木乃伊那样被展览：科尼斯堡的居民排着长队瞻仰这个城市的最伟大的儿子。当时天气寒冷，土地冻得无法挖掘，整整16天过去后康德的遗体才被下葬。

"有两种东西，我对它们的思考越是深沉和持久，它们在我心灵中唤起的惊奇和敬畏就会日新月异，不断增长，这就是我头上的星空和心中的道德定律。"这是人类思想史上最气势磅礴的名言之一，它刻在康德的墓碑上，出自康德的《实践理性批判》最后一章。

悲观主义的哲学家——叔本华

亚瑟·叔本华（1788~1860）德国哲学家。他继承了康德对于现象和物自体之间的区分。不同于他同代的费希特、谢林、黑格尔等取消物自体的做法，他坚持物自体，并认为它可以通过直观而被认识，将其确定为意志。意志独立于时间、空间，所有理性、知识都从属于它。人们只有在审美的沉思时逃离其中。叔本华将它著名的极端悲观主义和此学说联系在一起，认为意志的支配最终只能导致虚无和痛苦。他对心灵屈从于器官、欲望和冲动的压抑、扭曲的理解预言了精神分析学和心理学。他文笔流畅，思路清晰，后期的散文式论述对后来哲学著作的诗意化产生了较大的影响。

叔本华生于波兰但泽（今格但斯克）。父亲海因里希·弗洛里斯·叔本华是非常成功的商人，后自杀。母亲约翰娜·叔本华是当时颇有名气的作家，与歌德等文豪有交往。他和母亲的关系一直不好，隔阂非常深，最后关系破裂。但由于他继承了他父亲的财产，所以一生过着富裕的生活。叔本华死后，将所有财产捐献给了慈善事业。

❋ 叔本华

叔本华

早年在英国和法国接受教育，能够流利地使用英语、意大利语、西班牙语等多种欧洲语言和拉丁语等古代语言。他最初被迫选择经商以继承父业，在父亲死后他才得以进入大学。1809年，他进入哥迁根大学攻读医学，但把兴趣转移到了哲学，并在1811年于柏林学习了一段时间。在那里他对费希特和施莱艾尔马赫产生了浓厚的兴趣。他以《论充足理由律的四重根》获得了博士学位。歌德对此文非常赞赏，同时发现了叔本华的悲观主义倾向，告诫说：如果你爱自己的价值，那就给世界更多的价值吧。

1814~1819年间，在理智的孤独中完成了他的代表作品《作为意志和表象的世界》，这部作品受到了印度哲学的影响，被认为是将东方和西方思想融合的首部作品，但发表后无人问津。叔本华这么说他的这本书：如果不

❋ 叔本华

是我配不上这个时代，那就是这个时代配不上我。但凭这部作品他获得了柏林大学编外教授的资格，在这里的一件著名的事情是他选择与自己认为是沽名钓誉的诡辩家的黑格尔同一时间授课。但黑格尔当时正处于声名的顶峰，叔本华自然没能成功，很快他的班上就只剩下两三个人，最后一个也不剩了，他只能凄凉地离开柏林大学。

1833年在大学里受挫之后，他移居法兰克福，并在那儿度过了最后寂寞的27年。1837年，他首次指出康德《纯粹理性批判》一书第一版和第二版之间的重大差异。之后他出版了多种著述，1841年出版了《论意志的自由》和《论道德的基础》两篇论文的合集，由于这两篇是丹麦科学院的有奖征文，于是他郑重的说明，第一篇论文获科学院褒奖，第二篇未获科学院褒奖，在之后的书中他一再对丹麦科学院冷嘲热讽，在他成名后，丹麦科学院也成了一时的笑柄。但这本书也几乎无人问津。

1844年，在他坚持下，《作为意志和表象的世界》出了第二版。第一版此时早已绝版，且未能引起评论家和学术界丝毫兴趣，第二版的购者也寥寥无几。1851年，他完成了对《作为意志和表象的世界》的补充与说明，结果就是这篇以格言体写成的《附录与补遗》使他获得了声誉，使他瞬间成了名人。有人写了《叔本华大辞典》和《叔本华全集》，有人评论说他是具有世界意义的思想家。

● 叔本华

"论法的精神"——孟德斯鸠

查理·路易·孟德斯鸠（1689~1755），出生于法国波尔多附近的拉伯烈德庄园的贵族世家，法国伟大的启蒙思想家、法学家。孟德斯鸠不仅是18世纪法国启蒙时代的著名思想家，也是近代欧洲国家比较早的系统研究古代东方社会与法律文化的学者之一。

孟德斯鸠所处的时代是17时代末和18世纪前叶，此时正值法国封建主义和君主专制从发展高峰急剧走向没落的时期，统治阶级以极其残忍的手段压迫广大人民，宫廷和贵族极尽奢侈，民众却在饥寒中挣扎；长期的战乱、苛政使农民起义此起彼伏，政治、经济危机愈演愈烈。工业革命在法国逐渐兴起，工业资产阶级

❋ 孟德斯鸠

的抨击了腐朽反动的封建专制主义和宗教僧侣主义。他的一生又是一个学者的一生，他毕生孜孜不倦地探索着各个科学领域的许多问题，撰写了不少很有价值的著作、尤其是《论法的精神》这一鸿篇巨著。

由于他是一位出身于贵族家庭的、法国18世纪上半叶新兴的资产阶级在政治上的温和派代表，由

世界名人故事

的利益与专制主义的冲突日益尖锐，资产阶级革命的时机进一步成熟。另外，思想领域的革命也为孟德斯鸠理论的形成作好了较为充分的思想准备。英国培根的实验主义、法国笛卡尔的理性主义对他产生了深刻的影响。一大批进步的史学家、科学家、哲学家、作家和进步人士为新兴的资产阶级奔走呼号，他们激烈地抨击封建主义腐朽的社会秩序，英国资产阶级革命的思想也被广泛接受。这都为《论法的精神》的诞生打下了坚实的社会基础。

孟德斯鸠不愧为是时代之子。他站在时代的前列为新兴资产阶级的利益战斗了一生。他的一生是一个战士的一生，他用自己犀利的文笔，机智而勇猛

❋ 孟德斯鸠雕像

论和他有关自由、平等、私有制的论断等，曾对法国唯物主义者狄德罗、霍尔巴赫、爱尔维修等人产生过重要影响，尽管他们在许多方面都大大超过了自己的前辈。

❋ 印有孟德斯鸠头像

于他看不到人民群众的伟大力量，所以在他的思想中具有非常明显的不彻底性和妥协性。他一方面对封建专制主义进行了无情的揭露和深刻的批判，另一方面又同它进行妥协，提出君主立宪的主张。他一方面对宗教僧侣主义进行了斗争，另一方面他又不是个无神论者，而是一个自然神论者。他虽然比其他许多启蒙思想家更深刻地提出了社会发展的规律性和动力问题，可却不能正确地解决这个问题，而且在社会观方面他仍然是个唯心主义者。

孟德斯鸠思想对后世思想家们理论的形成有重大影响。孟德斯鸠对封建专制主义和宗教神学的批判，他的自然法理

❋《论法的精神》

大器晚成的形而上学主义者——黑格尔

格奥尔格·威廉·弗里德里希·黑格尔（1770～1831），德国哲学家，出生于今天德国西南部符腾堡州首府斯图加特。1801年，30岁的黑格尔任教于耶拿大学，直到1829年，就任柏林大学校长。

黑格尔与史诗诗人荷尔德林和客观唯心论者谢林同一时期就读于图宾根神学院。在深入观察了法国大革命的整个演进过程后，三人合作致力于对康德及其后继者费希特的唯心主义哲学的批判。

黑格尔的第一部也是最重要的一部著作是《精神现象学》。在世时出版的作品还有

● 黑格尔

《哲学全书》、《逻辑学》和《法哲学原理》。其他有关历史哲学、宗教哲学、美学和哲学史的著作则是在他去世后，根据他当年演讲时学生所做的笔记汇编而成。黑格尔晚年的讲课，吸引了许多学生，逐渐形成黑格尔学派。

他的著作集德国古典哲学之大成，创立了一个完整的客观唯心主义哲学体系。他认为："绝对观念"是宇宙之源，万物之本。世界的运动变化乃是"绝对观念"自我发展的结果，认为他自己的哲学就是"绝对观念"的最高表现，普鲁士王国是体现"绝对观念"的最好国家制度。所以黑格尔的哲学是为普鲁士专制制度辩护的，但是在他的唯心主义哲学体系中，提出了有价值的辩

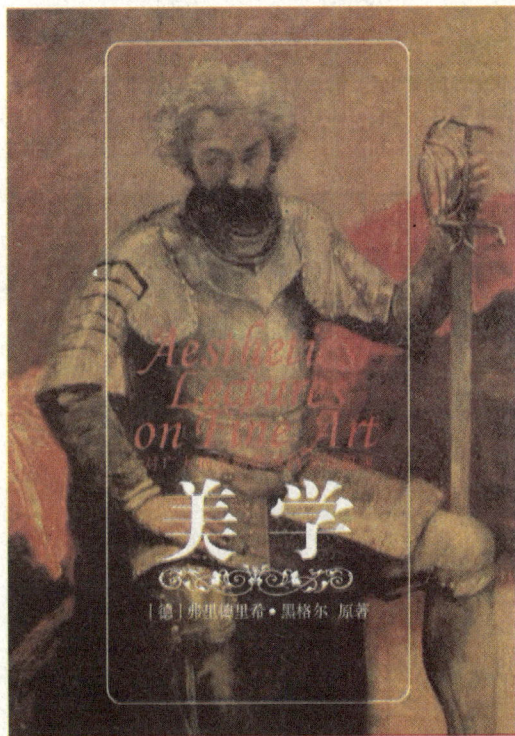

● 《美学》

世界名人故事

证法思想，认为整个自然的、历史的和精神的世界是一个过程，是在不断地运动、变化和发展着的，而其内部矛盾乃是发展的源泉。马克思、恩格斯批判地继承了黑格尔辩证法的合理内核，创立了唯物辩证法。

恩格斯后来给其以高度的评价："近代德国哲学在黑格尔的体系中达到了顶峰，在这个体系中，黑格尔是第一次。这是他的巨大功绩，把整个自然的、历史的和精神的世界描写为处于不断运动、变化、转化和发展中，并企图揭示这种运动和发展的内在联系。"

黑格尔一生著述颇丰，其代表作品有《精神现象学》、《逻辑学》、《哲学全书》、《法哲学原理》、《哲学史讲演录》、《历史哲学》和《美学》等。

❋ 黑格尔

世界和平运动的倡导者——罗素

伯特兰·罗素（1872～1970），英国哲学家、数学家、社会学家，也是本世纪西方最著名、影响最大的学者和社会活动家。

罗素生于英国威尔士莫矛斯郡特雷莱克一个贵族世家。父母是思想激进的自由主义者，积极参加社会革命活动。祖父罗素伯爵是辉格党（自由党前身）著名政治家，在维多利亚女王时代曾两次出任首相。罗素年幼时，父母相继去世，他是在祖母照管和教育下长大的。家庭的自由主义传统和祖母的独立不羁的性格对罗素思想的形成起了决定性作用。

❋ 罗素

　　罗素的童年很孤寂，他经常在家中荒凉失修的大花园里独自散步冥思，是大自然、书本和数学把他从孤独和绝望中拯救出来，特别是对数学的迷恋，成为他的主要兴趣。罗素一生兼有学者和社会活动家的双重身份，以追求真理和正义为终生志愿。作为哲学家，他的思想大致经历了绝对唯心主义、逻辑原子论、新实在论、中立一无论等几个阶段。他的主要贡献首先是在数理逻辑方面，他由数理逻辑出发，建立起来的逻辑原子论和新实在论，使他成为现代分析哲学的创始人之一。

　　在对真理的求索中，罗素从无门户之见，善于向各方面学

《罗素道德哲学》

习，善于自我省察，不断修改自己的观点。但他又从来不是关在书斋里不问世事的学者。从青年时代起，他一积极参加社会、政治活动，追求自由与和平。

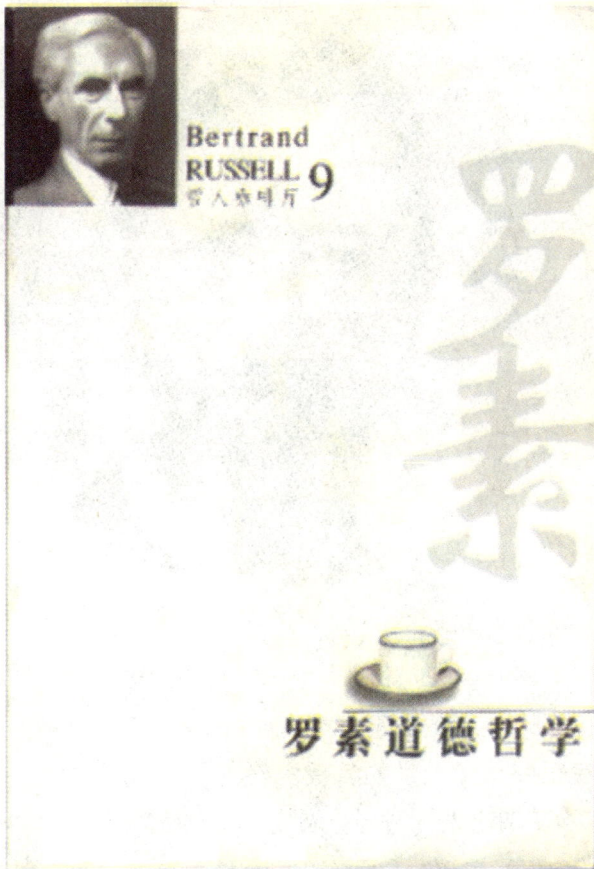

组织理论之父——马克斯·韦伯

　　马克斯·韦伯（1864～1920）出生在德国，是一位现代社会学的奠基人，他在组织管理方面有关行政组织的观点对社会学家和政治学家都有着深远的影响。

　　马克斯·韦伯是同泰勒和法约尔同一历史时期，并且对西方古典管理理论的确立做出杰出贡献的德国著名社会学家和哲学家。1864年，韦伯出生在德国爱尔福特的一个中产阶级家庭。1882年，韦伯进入海德堡大学攻读经济学和法律，之后又就读于柏林大学。在此期间，他还曾入军队服役，1888年参与波森的军事演习，因而对德国的军事生活和组织制度有相当的了解，这对他今后建立组织理论

❋ 韦伯

结构的影响。他提出了所谓理想的行政组织体系理论，其核心是组织活动要通过职务或职位而不是通过个人或世袭地位来管理。他的理论是对泰勒和法约尔理论的一种补充，对后世的管理学家，尤其是组织理论学家有重大影响，因而在管理思想发展史上被人们称之为"组织理论之父"。

有很大的影响。

1891年，他以《中世纪贸易公司史论》的论文获得博士学位，并在1894年获得海德堡大学的教授资格。1897年韦伯患上神经分裂症，一连9年都未能做任何工作。1904年他再次露面，并出版了他的名著《新教徒论与资本主义精神》。他的主要著作大多是在后来的年代及死后发表的。1920年6月4日，韦伯逝世，当时他的主要著作《社会和经济组织理论》尚未写完。

韦伯是一位现代社会学的奠基人，他在组织管理方面有关行政组织的观点对社会学家和政治学家都有着深远的影响。他不仅考察了组织的行政管理，而且广泛地分析了社会、经济和政治结构，深入地研究了工业化对组织

Max Weber
An Intellectual Portrait

马克斯·韦伯思想肖像

❋《马克斯·韦伯思想肖像》

德国浪漫主义的先驱——赫尔德

赫尔德（1744~1803）是一位极具影响力的德国哲学家、文学评论家、历史学者及信义会神学家。他在德国18世纪文学中复兴扮演极为重要的角色，同时他也影响了"狂飙及跃进时代"（Sturm and Drang）的兴起和浪漫主义文学。

赫尔德生于东普鲁士莫伦根。在穷苦的童年生活后，1762年他进入柯尼斯堡大学研读哲学、文学和神学，并深深受到康德的影响。1764年至里加担任中等学校教师及德国信义会牧师，并出版《当代德国文学之片稿》和《评论文集》。1769年，他离开里加前往法国，在旅途中完成《我在1769年的游记》。1770年，赫尔德

● 赫尔德

在斯特拉斯堡会见年轻的歌德，在艺术与文学上对歌德产生深远的影响。1776年，赫尔德前往威玛担任宫廷牧师及掌管教育和宗教事务的总监察。1803年，赫尔德逝世于威玛宫廷。

在《论语言的起源》这本书中，赫尔德坚持咬字清晰的语言之兴起是出于自然，而非超自然的力量。因此，他对于现代学术性语言学之贡献良多。此外，赫尔德认为人类和自然的成长与衰颓都是依循相同的法则，因此将历史视为所有人类共通的有机演变，而显示于各民族特有文化的发展中。其中历史观中的革命运动也是历史演变不可缺少的要素。他主张各民族本土文化的发展，并产生一种表现于艺术与文学的"民族精神"。对赫尔德而言，"精神"概念并不表示任何民族较其它民族更具优越性；相反的，他大力鼓吹所有文化均为平等并具有其各自的价值。

赫尔德的重要著作有《当代德国文学之片稿》、《我在1769年的游记》、《论语言的起源》、《关于人类教育的另一种历史哲学》、《人类历史哲学的概念》等。

● 赫尔德

第七章

世界名人：经济学家卷

Shijiemingren Jingjixuejia Juan

经济在古语中有"经世济民"的意思。在现代社会，经济大到对于一个国家，小到对于每个人都有无比的重要性。随着人类文明的发展，特别是西方资产阶级革命以来，诸多的经济学家针对社会经济活动中出现的各种问题提出了自己的理论，这些理论对人类发展经济，克服经济领域的各种危机起到了重大的作用。

古典政治经济学的杰出代表——李嘉图

李嘉图（1772~1823），英国产业革命高潮时期的资产阶级经济学家，他继承和发展了亚当·斯密经济理论中的精华，使古典政治经济学达到了最高峰。他是英国资产阶级古典政治经济学的杰出代表和完成者。

李嘉图的父亲是个富裕的证券经纪人，所以，尽管李嘉图并没有正儿八经地上过什么学，但他的父亲却有钱给他请任何他喜欢的家庭老师来给他讲课。他12岁的时候，就曾被父亲送到荷兰留学。那时候的荷兰，可是全球商业最发达的地区。两年后，李嘉图回到英国，开始跟随父亲经商。

如果是这样一直下去，英国不过又多了个天才的证券经纪人而已。然而，李嘉图却爱上了一个跟自己家的宗教信仰不同的姑娘。父亲坚决不同意这门亲事，年轻气盛的李嘉图跟老父亲闹翻，父亲将21岁的李嘉图赶出家门。

这样，李嘉图只好独立经营。他已经在证券交易界摸爬滚打了7年，所以，已经有了自己的朋友圈子，在这些朋友们的帮忙下，他的事业很快就上了正轨。短短几年时间，他就已经发财致富。据说，在他去世时，他的资产大约价值70万镑（如果折合成现在的货币，可能价值数千万美元），每年还有2.8万镑的收入。他的一个得意之作是在滑铁卢战役前4天，成功地买进大量政府债券，结果英军打败拿破仑，他大赚了一笔。

* 李嘉图

这时，仅仅发财致富已经不能让李嘉图看到人生的意义了，于是，他开始寻找在知识领域搞点什么。27岁那年，他偶而读到了亚当·斯密的《国富论》，对政治经济学产生了兴趣。不过，与其说是他选择了政治经济学，不如说是政治经济学选择了他。因为，两年前英国宣布脱离金本位制，英镑正在经历剧烈波动，年轻的金融家李嘉图不能不思考货币问题。因此，很容易理解，李嘉图最初的经济学研究几乎完全集中在货币问题上，他的第一篇文章就是《黄金的价格》。

发表这篇文章已经是1809年了，在这之前长达10年，即从27岁到37岁，是李嘉图学习研究政治经济学的时期。这期间，他得到了英国当时著名学者、功利主义的创始人詹姆斯·穆勒的无私帮助。李嘉图虽然是天才，但搞经济学还得学会研究问题，尤其得学会写文章。对于没有好好上过学的李嘉图来说，这方面的训练是痛苦的，但又是绝对必要的，否则，我们也不会看到他那11大卷著述了。

李嘉图刚刚开始进入经济学界的时候，英国正在紧锣密鼓地制订限制谷物贸易的《谷物法》。李嘉图鼓吹自由贸易，但《谷物法》最终还是通过了。这促使李嘉图更深入地思考贸易问题，从理论上驳斥贸易限制的荒唐。

他的国际贸易学说可以被称为"比较成本说"或"比较成本规律"。他模仿同亚当·斯密关于个人劳动分工的理论来分析两个国家间贸易的好处。假定制一单位布，英国需要50个劳动日，葡萄牙需要25个劳动日；制一单位酒，英国需要200个劳动日，葡萄牙只需要25个。可以看出，葡国制酒、制布所需的成本都比英国绝对低，即都处于绝对优势。不过，葡萄牙在酒的生产中表现出的优势更大，葡萄牙的制酒成本相对低，处于比较优势，制布成本相对高，处于比较劣势。而英国制布成本相对低，处于比较优势。在这种情况下，英国放弃生产比较劣势的酒，专门生产比较优势的布。如此分工，两国合起来不仅可以生产出更多的酒和布，英国还可以用布换到较多的酒，而葡萄牙用酒可以换到更多的布。两国同时获得国际分工与国际交换的好处。

这种理论为自由贸易提供了坚实的理论基础。李嘉图认为，国际分工与国际交换的利益，只有在政府不干涉对外贸易，实行自由贸易的条件下，才能最有效地实现。"在一个具有充分商业自由的体制下，每个国家把它的资本和劳动置于对自己最有利的用途"。因此，他是坚定的自由贸易论者。

李嘉图形成了一个庞大的经济学理论体系，在亚当·斯密奠基的基础上正式建立起了古典经济学的大厦。他的比较优势理论对于自由贸易的贡献是不朽的。

政治经济学及赋税原理

[英]大卫·李嘉图 著 周洁 译

❋李嘉图的著作

边际效用价值论的创建人——瓦尔拉斯

瓦尔拉斯早年进入巴黎的矿业学院学习，以后曾从事多种不同的职业，做过新闻记者，担任过银行的经理人员，编辑过杂志，一度为一家金融机构在巴黎的通信人员。他在父亲的勉励激发下，于19世纪50年代后期开始研究经济学。1870年，他被聘任为洛桑大学政治经济学教授，到1892年退休时为止。

瓦尔拉斯一生致力于宣传和推广他所创建的一般均衡论，经常免费散发他的有关著作，甚至由此而欠下债务。瓦尔拉斯的著作有：《纯粹政治经济学纲要》（1874～1877）、《社会经济学研究》（1896）、《实用政治经济学研究》（1898）等。

瓦尔拉斯生活于法国1848年革命的年代，他拥护推翻法国王朝，但不赞成革命。他反对马克思主义政治经济学，其原因据说在于马克思把劳动当作为价值的唯一源泉。他认为，自由竞争的资本主义是最理想的制度，但在分配问题上，主张国家应根据正义的原则来进行干预。他支持土地国有化，认为这可以保证人们得到均等的机会。他反对蒲鲁东和勃朗，宣称他们解决社会问题的方案违反科学的经济原理。

*瓦尔拉斯

瓦尔拉斯的经济思想在很大的程度上受到法国经济学家的影响，包括魁奈、孔狄亚克、库尔诺和他的父亲瓦尔拉斯。后者的土地国有化、赋税改革和效用价值论等主张构成瓦尔拉斯经济思想的重要组成部分。

瓦尔拉斯企图从纯粹理论、应用理论和社会经济三个方面对经济学进行研究，但他的主要贡献被认为是在纯粹理论方面，即建立了他的一般均衡论。

*瓦尔拉斯执教过的洛桑大学

瓦尔拉斯的一般均衡论实际上研究一个以利己心为经济动力的虚构的社会，在其中，消费者追求最大的效用，企业家追求最大的利润，生产要素的所有者追求最大的报酬。对于这样一个社会，在一系列严峻的假设条件下，瓦尔拉斯企图证明，该社会存在着稳定的均衡状态，即存在着安定和有秩序的状况。

对现代西方经济学，瓦尔拉斯具有重大影响。他的效用论是微观经济学的一个组成部分，他的在经济研究中使用数学的主张已经变为经常存在的事实。他的一般均衡的分析方法已经在西方经济理论中被普遍使用。

现代经济学之父——亚当·斯密

亚当·斯密（1723~1790）是英国古典政治经济学的主要代表人物之一。他的代表作《国富论》（全称《国民财富的性质和原因的研究》）早已被翻译成十几种文字并在全球发行，而他本人则被奉为现代西方经济学的鼻祖。

亚当·斯密出生在苏格兰法夫郡的寇克卡迪。亚当·斯密的父亲是律师，也是苏格兰的军法官和寇克卡迪的海关监督，但在亚当·斯密出生前几个月去世；母亲玛格丽特是法夫郡斯特拉森德利大地主约翰·道格拉斯的女儿，亚当·斯密一生与母亲相依为命，终身未娶。

亚当·斯密常想事情想得出神，丝毫不受外物干扰；有时也因此发生糗事，例如：亚当·斯密担任海关专员时，有次因独自出神将自己公文上的签名不自觉写成前一个签名者的名字。亚当·斯密在陌生环境发表文章或演说时，刚开始会因害羞频频口吃，一旦熟悉后便恢复辩才无碍的气势，侃侃而谈；而且亚当·斯密对喜爱的学问研究起来相当专注、热情，甚至废寝忘食。

1723~1740年间，亚当·斯密在家乡苏格兰求学，在格拉斯哥大学时期亚当·斯密完成拉丁语、希腊语、数学和伦理学等课程；1740~1746年间，赴牛津大学求学，但在牛津并未获得良好

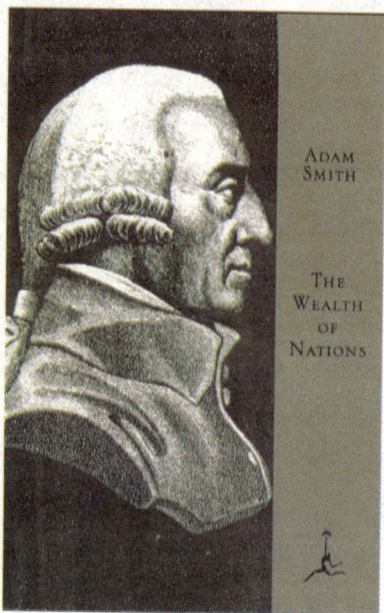

ADAM SMITH

THE WEALTH OF NATIONS

❋ 亚当·斯密

的教育，唯一收获是大量阅读许多格拉斯哥大学缺乏的书籍。1750年后，亚当·斯密在格拉斯哥大学不仅担任过逻辑学和道德哲学教授，还兼负责学校行政事务，一直到1764年离开为止。在这时期，亚当·斯密于1759年出版的《道德情操论》获得学术界极高评价。而后于1768年开始着

西方经济学的"圣经"

影响历史的十大名著之一
全面解读财富增长的奥秘与根源

国富论

[英]亚当·斯密/著

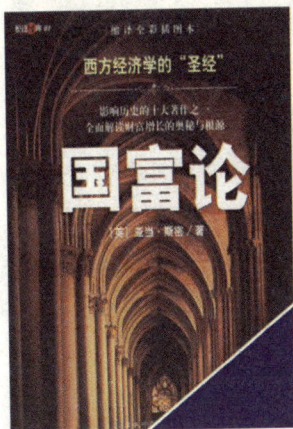

※ 亚当·斯密的《国富论》

手著述《国富论》。1773年，《国富论》已基本完成，但亚当·斯密多花3年时间润饰此书，

1776年，凝聚了亚当·斯密十年心血的《国富论》终于问世。此书一出，极受英国资产阶级的欢迎与褒誉，因为它为实行自由放任的经济政策提供了理论根据。亚当·斯密成了最受欢迎的经济学家，《国富论》的观点成了国会议员的常用论据，甚至连当时的英国首相皮特也自称是亚当·斯密的学生。不知不觉间，亚当·斯密来到了他一生中最风光得意的时刻。1778年，他出任爱丁堡的海关专员，1787年一度出任格拉斯哥大学的校长，但在经济理论方面再也没有什么新成就。这究竟是因为他已经来到他所处于的时代所能达到的极限，还是因为满足于现状而缺乏进取，就有待后人思考。

无论如何，无可否认的是，《国富论》的确是一部划时代的巨著。它概括了古典政治经济学在形成阶段的理论成就，它最早系统地阐述了政治经济学的各个主要学说，它标志着自由资本主义时代的到来。

※ 亚当·斯密墓

英国古典经济学的发展者——马歇尔

马歇尔是19世纪末20世纪初英国及至世界最著名的经济学家。

马歇尔于1842年出生在英国伦敦区一个朴实的中产阶级家庭，从小接受他那极为严厉的、期望他儿子能成为一个牧师的父亲的教育。但他背叛了他父亲的意愿，去剑桥大学圣约翰学院学习数学并获得学士学位，并被选为圣约翰学院教学研究员。但1877年由于他和玛丽·佩利———一个他过去的学生结婚，被迫辞职，因为当时牛津大学和剑桥大学的研究员们要像牧师那样独身。随后，他先后担任布里斯托尔大学校长，牛津大学、剑桥大学讲师和教授（那时，独身要求已取消）。他参加过英政府组织的政策咨询活动，还曾是1890年～1894年皇家劳工委员会颇有影响的成员。1880年，他担任英国协会第6小组的主席，正式领导了创建英国（后改为皇家）经济学会的运动。1885年～1908年，他任剑桥大学政治经济学教授，也是英国

世界名人故事

※ 阿尔弗雷德·马歇尔

正统经济学界无可争辩的领袖。

他于1890年发表的《经济学原理》，被看作是与亚当·斯密的《国富论》、李嘉图的《赋税原理》齐名的划时代的著作，在盎格鲁——撒克逊世界（英语国家）替换了古典经济学体系中供给与需求的概念，以及对个人效用观念的强调，构成了现代经济学的基础。这本书在马歇尔在世时就出版了8次之多，成为当时最有影响的专著，多年来一直被奉为英国经济学的圣经。而他本人也被认为是英国古典经济学的继承和发展者，他的理论及其追随

者被称为新古典理论和新古典学派。同时由于他及其学生，如凯恩斯、尼科尔森、庇古和麦格雷格等先后长期在剑桥大学任教，因此也被称为剑桥学派。

阿尔弗雷德·马歇尔受到当时英国著名的哲学家、经济学家西奇威克的影响，正因为这个人对他在经济学及道德哲学方面的影响很大，马歇尔的学术兴趣逐渐由物理学转向了哲学和社会科学。于是，马歇尔的思想开始了一生中最重要的转变。他曾经把西奇威克称为自己"精神上的父母"。后来，他看到了19世纪中期在资本主义制度下英国出现的严重的社会不公平，他感觉到，神学、数学、物理学和伦理学都不能够给人类带来"福音"。

于是，他把自己的注意力转移到政治经济学上面来，把理解社会现状的希望寄托在经济学的研究上，打算从经济上来分析社会不公平的原因，他把经济学看成是增进社会福利、消灭人类贫困的科学。但他的核心仍然是在证明资本主义是一种合理的制度，它可以自动地保持均衡，因而马歇尔最终还是成了资本主义的辩护人。

经典通读

大师经典 通俗阅读

经济学原理

Marshall

（英）马歇尔 著　朱攀峰 编译

揭示市场经济奥妙的宏篇巨作

经济学的里程碑和入门教材

※ 阿尔弗雷德·马歇尔的作品

主张国家干预经济——凯恩斯

在伦敦的一个早晨，一个男子已经醒了，但他仍躺在床上、衣衫不整。他在和他的经纪人通话，为他自己、一所大学、一个辛迪加的巨大投机业务作决定。

这人就是著名经济学家约翰·梅纳德·凯恩斯男爵，他不但开辟了宏观经济学的研究阵地，还担任过大学司库和剑桥大学学监、政府官员和顾问等。凯恩斯男爵还是一位富有的投资者。凯恩斯的经济理论影响了几代人，在目前的经济政策制定中仍然起着举足轻重的作用，并将继续影响未来若干年的经济思想。

1883年6月5日，凯恩斯生于英格兰的剑桥，他的祖上是英国的贵族，他父母在剑桥大学任教。凯恩斯是他们的第一个孩子，他们在他身上付出了很多，也对小凯恩斯寄予了很高期望。凯恩斯果然不负所望，从伊顿公学毕业，就取得了国王学院数学和经典著作的奖学金。1905年，他毕业于英国剑桥大学，并获得数学学士学位。1906年，凯恩斯通过公务员考试，到外交部的印度办公室工作。两年后，他申请国王学院的数学研究员职位，但没有成功。

1914年，第一次世界大战爆发，当时社会上普遍担心出现金融危机。作为货币问题专家，凯恩斯此时来到财政部任职。他的首次努力是说服当时的英国首相保持黄金储备。到战争结束时，凯恩斯已在财政部树立了牢固的地位，并被派到国外处理一系列的金融问题。当和平会议在巴黎举行时，凯恩斯代表英国财政部参加了和谈。

* 凯恩斯

凯恩斯是一个最会把理论化为实践的人，在撰书的同时，凯恩斯也从事货币买卖。根据他在财政部工作得到的经验和对战后德国的考察，他开始看好美元，看跌欧洲货币，并按10%的保证金进行交易，建立了一系列货币仓位。不久他赚了大笔利润，并就此认为自己能比普通人更好地看清市场的走势。

1920年4月，凯恩斯预见德国即将出现信用膨胀，以此为理由，卖空马克。此前马克一直下跌，但现在开始反弹。4、5月间，凯恩斯自己损失了13125英镑，他任顾问的辛迪加也损失了8498英镑。经纪公司要求他支付7000英镑的保证金，于是他从一个敬慕者那里借来了5000英镑，又用他的预支稿酬支付了1500英镑，才得以付清。他承认，自己已经破产了。

1921年，通过写作，凯恩斯的经济状况好转，又开始了商品和股票投机，交易都采用保证金交易方式。

1924年，凯恩斯投资57797英镑，到1937年增值506450英镑，在证券业中建立了自己的声誉。此间，凯恩斯每年的平均投资复利收益率为17%，利润虽高，但仍然比不上保守的投资家巴菲特的业绩。

凯恩斯的官方传记作者说，凯恩斯在1937年放弃了投机，原因是他身体欠佳。实际上，那时他的病已经好了，而且身体不错，以致可以在接下来的9年里继续影响经济学和政治的发展。考虑到第二次破产可能会损害他作为世界上最著名的经济学家的声誉，于是及时退出了投机行列。

在《就业、利息与货币通论》一书中，凯恩斯谈到了他的投资哲学，我们可以恰当地称之为"选美理论"：共有100幅候选美女照片，由公众从中选出4人。然而，人们并不投票给他认为是最美的人，而是选择他认为大多数人都认为是最美的人。

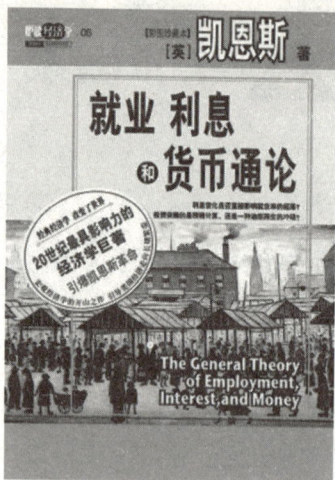
❋《就业、利息和货币通论》

像许多伟大的金融家一样，凯恩斯在大事上十分大胆，敢于冒险使用大量资金以支持一个论点。但小事上，他非常保守。

一次，凯恩斯和一个朋友在阿尔及利亚首都阿尔及尔度假，他们让一群当地小孩为他们擦皮鞋。凯恩斯付的钱太少，气得小孩们向他们扔石头。他的朋友建议他多给点钱了事，而凯恩斯，这个世界上最伟大的经济学家却回答道："我不会贬抑货币的价值。"

首次强调人口过剩者——马尔萨斯

1766年，马尔萨斯出生在英国萨里郡多金附近。他就读于剑桥大学耶稣学院，是一位优秀的学生。他毕业于1788年，同年被委任为英国国教牧师。1791年，他获得硕士学位；1793年，成为耶稣学院的一名牧师。

1798年，马尔萨斯出版了一本颇具影响的小书，题目是《人口原理》。

马尔萨斯的基本论题是人口增长有超过食物供应增长趋势的思想。马尔萨斯在他最初发表的论著中，用相当严格的形式表述了这种思想，认为人口有几何增长的

❋ 托马斯·马尔萨斯

趋势（即按指数增长的趋势，如级数1，2，4，8，16……），而食物供应只有算术增长的趋势（即按直线性增长的趋势，如级数1，2，3，4，5……）。

马尔萨斯在他后来的几种版本的书中，用不那么严格的形式重述了他的主题，只指出人口会有无限增长的趋势，直至食物供应的极限为止。马尔萨斯从他这部论著的两种形式中得出结论：大多数人注定要在贫困中和在饥饿的边缘上生活。从长远的观点来看，任何技术进展也不能改变这种趋势，因为食品供应增加必然要受到限制，而"人口指数无限地大于地球为人类生产

物质的指数"。

但是可以用某种其它方法来抑制人口的增长吗？当然可以。战争、瘟疫和其它灾难经常可以减少人口，这些祸患显然是以痛苦的代价来减少人口过剩所造成的威胁。马尔萨斯认为，避免人口过剩的较好的办法是"道德限制"，看来他这话的意思是把实行晚婚、婚前守洁和自愿限制同房的频率等方法结合起来。但是马尔萨斯是个现实主义者，他认识到大多数人不会实行这样受限制的方法。他断定人口过剩实际上的确无法避免，因而贫困几乎是大多数人不可摆脱的厄运。这是一个多么悲观的结论！

最先提醒人们注意这一问题的并不是马尔萨斯。这一问题在以前就被其他几位哲学家提出来过。马尔萨斯自己就指出柏拉图和亚里士多德都探讨过这个问题。实际上他摘章截句地引用过亚里士多德的话："如果在一般国家中每个人都有想生多少孩子就生多少孩子的自由，其必然的结果肯定就是贫困。"

但是即使马尔萨斯的基本思想并不完全新颖独特，人们也不应该低估他的重要性。柏拉图和亚里士多德只不过是随便提到了这种思想，而他们有关这个论题的简短评说大体上被忽略了。是马尔萨斯详尽地阐述了这种思想，并广泛地为这个课题大写文章；更重要的是，马尔萨斯首次强调人口过剩问题

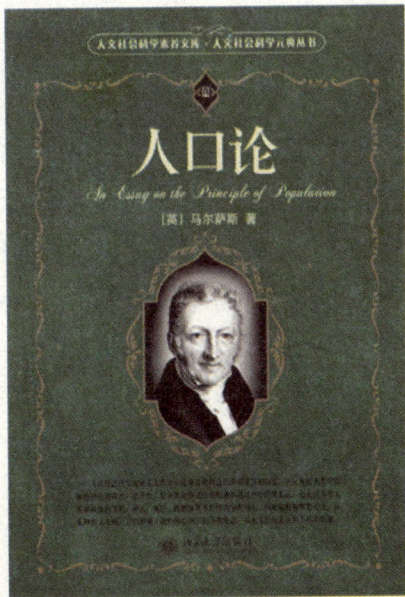

❋ 马尔萨斯的《人口论》

世界名人故事

的极其重要性，并使其引起了知识界的注意。

马尔萨斯学者对经济学有着重要的影响。受马尔萨斯影响的经济学家断定：在正常的环境下，人口过剩使工资不会大大地高于维持生计的水平。著名的英国经济学家大卫·李嘉图（他是马尔萨斯的亲密朋友）说："劳动的自然价格就是必须使劳动者能够共同生存，即使人类不增不减永世长存的价格。"这个学说一般被称为"工资钢铁定律"，为马克思所接受，成为他剩余价值学说的一个主要成分。

计量经济学的创始人——费雪

欧文·费雪(1867～1947)，生于纽约州的少格拉斯。1890年费雪开始在耶鲁大学任数学教师；1898年获哲学博士学位；同年转任经济学教授直到1935年。1926年开始在雷明顿、兰德公司任董事等职。1929年，费雪与熊彼特、丁伯根等发起并成立计量经济学会，1931年～1933年任该学会会长。1947年4月29日，费雪卒于纽约市。

费雪是耶鲁大学第一个经济学博士，但却是在耶鲁大学数学系获得这个学位。他的学位论文《价值与价格理论的数学研究》用定量分析研究效用理论，至今为经济学家称道。这篇论文奠定了他作为美国第一位数理经济学家的地位。费雪涉猎的领域相当广泛，据他的儿子为费雪写的传记所列，他一生共发表论著2000多种，合著400多种。

费雪的一生也是颇多坎坷的。就人生而言，费雪的女儿玛格丽特在1919年由于精神崩溃而去世。与费雪共同愉快地生活了47年的妻子玛格丽特·哈泽德于1940年

＊欧文·费雪

去世。费雪本人在1898年感染了当时被称为不治之症的肺结核。就事业而言，费雪发明了可显示卡片指数系统，并取得专利，办了一个获利颇丰的可显示指数公司。后来该公司与竞争对手合并为斯佩里·兰德（Sperry Rand)公司。这项事业使他致富，但

20世纪30年代大危机之前他借款以优惠权购买兰德公司股份，大危机爆发后，他的股票成为废纸。据他儿子估计，损失为800～1000万美元，连妻子、妹妹和其他亲属的储蓄都赔进去了。他一文不名，耶鲁大学只好把他的房子买下，再租给他住，以免他被债主赶出去。他的名声亦受到打击。

1929年他在大危机中受到沉重打击，但仍在1930年出版了代表作《利息理论》，在1932年出版了《繁荣与萧条》，在1933年出版了《大萧条的债务通货紧缩理论》，在1935年出版了《百分之百的货币》。

尽管人生有如此多的挫折，费雪还是健康地活到了80岁，这就在于他健康的心态。1898年费雪患肺结核病之后，深感卫生保健的重要。他在1913年发起成立生命延续研究所，并担任该所保健指导委员会主席。他与该所医学专家费斯克合写了一本《如何生活》的书，畅谈养生之道。该书观念新颖而又切合实际，成为美国大学和高中的卫生保健教科书，共印行90版次，在美国销量达40万册之多，亦有德、法、日等十几种文字的译本，比他的经济学名著影响要大得多。他反对纵欲，主张禁酒、素食主义、锻炼身体、养成良好的卫生习惯，以及呼吸新鲜空气。这恐怕是他的肺结核在3年后痊愈，他又精力充沛地投入研究工作，并取得了许多成就的原因。他的主要贡献都是在这次病后做出的。

费雪还是一个关怀人类的世界和平主义者，他在1922年写了《联盟或战争》一书，主张美国放弃孤立主义，参加国际联盟，为世界和平而努力。

费雪被公认为美国第一位数理经济学家，他使经济学变成了一门更精密的科学。他提高了现代对于货币量和总体物价水平之间关系的认识。他的交换方程大概是解释通货膨胀的原因的理论中最成功的。费雪认为可以保持总体物价水平的稳定，而价格水平的稳定会使得整个经济保持稳定。1923年，他创办了数量协会，是第一家以数据形式向大众提供系统指数信息的组织。费雪是经济计量学发展的领导者，加大了统计方法在经济理论中的应用。

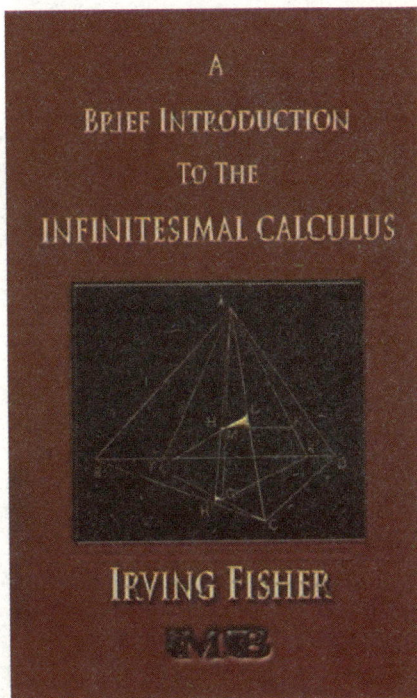

A BRIEF INTRODUCTION TO THE INFINITESIMAL CALCULUS

IRVING FISHER

❋费雪的著作

现代人事管理之父——欧文

在工业革命时代，机器工业得到了前所未有的大发展。但是在这一发展的同时也隐藏着许多深层次的问题无法解决。早期对工业革命带来的管理问题和社会问题进行分析并提出解决办法的人并不多，罗伯特·欧文是其中非常杰出的一位。他被人们称为"现代人事管理之父"。

欧文于1771年5月14日出生于北威尔士蒙哥马利郡的牛顿城，是全家7个孩子中的第6个。他的父亲是位马具师和小五金商，母亲是女邮政员。因为这7个孩子中有2个夭折，年少时的欧文很受父母的疼爱。欧文小时候酷爱读书，他们住的小镇上，有学问者的书房基本上都向他开放。童年的欧文通读了所有他能找到的感兴趣的书籍。小时候的欧文多灾多难，几次差点都搭上性命，当然这些差点使他送命的事情对他的影响也很大。例如，在他四五岁时一次喝粥烫伤了胃，

❀ 欧文的著作

导致他后来只能吃比较清淡的食物，而且要对不同食物仔细观察，日复一日，养成了欧文注意细节的习惯。

小时候的欧文非常活跃，各类比赛成绩都名列前茅，而且爱好广泛，喜欢广交好友。9岁时的欧文已经读了很多书籍，且对外面的世界憧憬不已。家庭的贫穷，从小开始的"家庭童工"经历，使他过早地步入社会。10岁时，欧文离开了家，只

❀ 罗伯特·欧文

身前往伦敦的哥哥那里去谋生。几个星期后，欧文又被送到斯坦福德的一家服装厂去做缝衣工学徒。3年的时光使他学会了很多东西。后来他又尝试过多种职业，积累了丰富的经验。

18岁那年，欧文拿着借来的100英镑，在曼彻斯特创办了自己的工厂。20岁的时候，他为了求得更好的发展，把他的小工厂卖给了一个叫德林科沃特的人，自己则受雇于他成为一个更大工厂的经理。在这个工厂，欧文的细致观察起到了很大的作用，他先是花了6周的时间仔细地观察工人的各种活动，然后再推行自己的管理举措。工厂管理的实践，使欧文觉察到环境对自己和别人所产生的影响，并着力改善工人的工作环境。由于他的出色管理，德林

科沃特把自己的股份分给了他一些，这样使他又成为股东。在这里积累的经验，为欧文以后在新拉纳克工厂的实验打下了基础。

欧文对管理学中的贡献是，摈弃了过去那种把工人当作工具的做法，着力改善工人劳动条件，诸如提高童工参加劳动的最低年龄；缩短雇员的劳动时间；为雇员提供厂内膳食；设立按成本向雇员出售生活必需品的模式，从而改善当地整个社会状况。

欧文的哲理是：良好的人从事管理会给雇主带来收益，因而这是每个主管人员的一项重要工作。欧文在给其属下的一个指示中宣称："你们中有许多人从长期的生产经营中体验到了结构坚固而且设计精致、制造完美的机器的好处。如果说，对无生命的机器给予细心照顾尚能产生有利的效果，那么如果你们以同样的精力去关心其构造奇妙得多的有生命的机器，那么还会有什么事办不成呢？"

* 欧文的"新和谐社会"